김치

수 출 가 이 드 북

일본편

수 출 가 이 드 북 **김치** 일본편

초판인쇄 2013년 4월 15일
초판발행 2013년 4월 15일

엮은이 세계김치연구소
펴낸이 채종준
펴낸곳 한국학술정보(주)
주소 경기도 파주시 문발동 파주출판문화정보산업단지 513-5
전화 031) 908-3181 (대표)
팩스 031) 908-3189
홈페이지 http://ebook.kstudy.com
E-mail 출판사업부 publish@kstudy.com
등록 제일산-115호(2000. 6. 19)

ISBN 978-89-268-4014-6 93320 (Paper book)
        978-89-268-4015-3 95320 (e-book)

세계김치연구소

일본편

수출 가이드북
Export Guide Book

한국학술정보

목차

부록

표 목차

그림 목차

03

04

05

부록

발간사

김치는 우리나라의 대표적인 전통발효식품으로서 동북아 최초의 국제규격으로 채택(2001년 7월)되었습니다. 또한 세계 5대 건강식품에 선정(2006년 3월)됨에 따라 현대인을 위한 건강식품이라는 인식이 확산되면서, 현재 전 세계적인 관심의 대상이 되고 있습니다.

하지만 김치 종주국이라는 타이틀만 가지고 외국에서 관심을 가져주기만 바라는 수동적인 태도로는 김치 종주국의 위상을 지켜내기 어렵습니다.
좀 더 적극적인 자세로 김치라는 좋은 제품을 어떻게 하면 더 많이, 더 많은 곳에 팔 수 있을 것인지 경제적인 마인드를 가지고 접근해야 할 것입니다.

최근 한국인의 김치 소비 감소와 더불어 중국산 김치의 수입 증가로 인해 국내 김치 제조업체들의 입지가 흔들리고 있습니다.
이에 국내 김치 제조업체들은 더 이상 국내 시장에 머무르지 않고 해외 김치 수출을 추진하기 위해 많은 노력을 하고 있습니다.

해외에 김치를 수출하기 위해서는 각국의 김치 관련 정보를 수집하고, 경쟁제품의 상황에 대해 판단하고, 통관 및 관세에 대한 정확한 이해와 적절한 마케팅 전략 등이 필요할 것입니다.

이 중 해외 김치시장 정보는 업체에서 개별적으로 수집하기에 많은 비용과 시간이 소요되는 만큼 우리 연구소에서는 일본, 중국, 베트남, 독일, 프랑스 등의 김치 경쟁 제품과 김치 제조·유통·소비 실태 등을 조사하고, 타 기관에서 제공되고 있는 정보들을 한자리에 모아 체계적으로 재구성하여 "김치 수출 가이드북"이라는 제목으로 김치제조업체의 해외 판로 개척에 필요한 정보를 제공하고자 합니다.

먼저 국내 김치 제조업체의 대외수출의존도가 가장 높은 일본시장을 조사·분석하여, 『김치 수출 가이드북(일본편)』을 제작하였으며, 이 책의 1장에서는 일본 절임시장의 생산·유통 현황에 대해 기초자료를 재정리하였고, 제2장에서는 김치시장의 생산·유통현황 및 소비에 관한 자료를 정리하였으며, 3장에서는 김치의 수출입 현황, 4장에서는 통관 절차 및 관세에 대해 확인하고 마지막 장에서는 김치 수출을 증대하기 위한 방안에 대해 간략하게 정리해 보았습니다.

『김치 수출 가이드북(일본편)』은 한정된 인력과 예산의 범위 내에서 준비된 것이므로 여러모로 부족한 점이 있더라도 너그럽게 보아 주시기를 바라며, 김치 수출을 준비하는 업체에 유익한 자료로 활용되기를 희망합니다. 앞으로 지속적으로 자료를 보완하여 보다 유익한 정보를 제공할 수 있도록 노력할 것을 약속합니다. 끝으로 자료 수집에 도움을 준 통계청, 한국농수산식품유통공사(aT), 대한무역투자진흥공사(KOTRA) 등에 감사드립니다.

2013. 2.

세계김치연구소 소장 **박 완 수**

Part 01

일본 절임시장 현황

제1절 쓰케모노 생산

제2절 쓰케모노 유통

일본의 전통적인 식문화는 흰쌀밥에 야채나 생선 혹은 고기 등을 삶거나 튀기거나 구운 것에 일본식 된장국(미소시루: 味噌汁)과 쓰케모노(漬け物: 채소절임 식품)를 곁들여 먹는 것이다. 쓰케모노는 일본의 전통 절임으로 일본인에게는 오래전부터 익숙한 음식이기는 하지만 최근 서양식이나 중국식 요리가 많이 받아들여져 쓰케모노 시장은 이미 성숙기를 넘어선 단계라고 할 수 있다.

쓰케모노는 쓰이는 주재료와 절임하는 조미료에 따라 수십 가지 종류로 구분될 수 있다. 대개 채소를 소금·된장·간장·술찌끼·초 등에 절이는데, 절이는 동안 맛이 들고 저장성이 높아진다.

쓰케모노 재료로는 고사리(蕨: 와라비), 미나리(芹: 세리), 머위(蕗: 후키), 감제풀(虎杖: 이다도리) 등 봄 채소에서부터 호박(瓜: 우리), 식용박(冬瓜: 동아), 순무(蕪: 가부), 무(大根: 다이코), 가지(茄子: 나스)와 같이 현재에도 친숙한 여러 재료로 다양하고 폭넓게 만들어지고 있다.[1]

한국에서도 김치를 담가 먹는 방법이 가정마다 다르듯 일본 가정에서도 쓰케모노를 담그는 방법이 다르며, 맛도 다르다.

일본의 쓰케모노는 크게 시오쓰케(塩漬け: 소금절임), 초절임류, 아사쓰케(浅漬け), 누카즈케(糠漬け: 쌀겨절임), 간장절임, 술지게미절임, 나라쓰케, 된장절임으로 구분하며, 시오쓰케(塩漬け: 소금절임)는 우메보시(梅干: 매실절임)를 포함하고, 초절임류에는 랏교, 생강, 간장절임에는 후쿠진쓰케와 야채절임, 김치를 포함한다. 나라쓰케에는 와사비쓰케를 포함하며, 단무지는 누카즈케(糠漬け: 쌀겨절임)에 포함된다.

이 장에서는 일본의 전통음식인 쓰케모노의 생산과 유통실태에 대해 이야기하겠다.

---

1 박병학·임홍식·최익석, 《일본 식문화의 이해》, 형설출판사, 2012.

제 1 절
쓰케모노 생산

1. 쓰케모노 생산량의 변화 추이

쓰케모노는 전통음식으로 흰쌀밥과 함께 식탁에 항상 오르던 음식이었기 때문에 오래전부터 시장이 형성되어 있을 뿐만 아니라 이미 100여 년간 생산량이 크게 변화하지 않는 성숙기에 있다. 하지만 최근 일본인들의 라이프스타일이 변화함으로써 쓰케모노에 대한 소비자의 수요가 줄어들어 생산량이 줄어드는 쇠퇴기에 직면했다고 볼 수 있다.

2000년 이전까지 100만 톤 정도를 유지하던 생산량은 2005년에 97만 톤으로 감소하였다. 최근인 2011년에는 77만 톤의 쓰케모노가 생산되었으며, 2000~2011년까지의 연평균 성장률은 −6.72%로 나타나 쓰케모노의 생산량이 감소하고 있음을 확인할 수 있다.

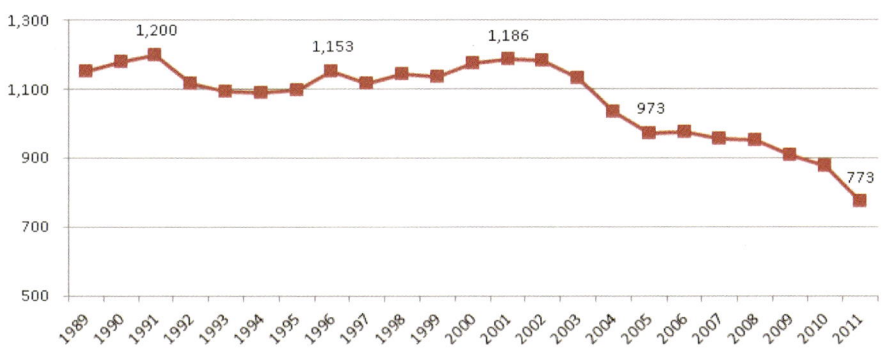

자료: 식품산업동태조사 각 연도, (사)식품수급센터.

그림 1-1. 쓰케모노 생산량 추이(1989~2011)

표 1-1. 쓰케모노 생산량(2000~2011)　　　　　　　　　　　　　단위: 톤, %

연도	총합계	
	생산량	증감률
2000	1,175,964	–
2001	1,185,843	0.8
2002	1,183,594	−0.2
2003	1,131,925	−4.4
2004	1,032,873	−8.8
2005	972,920	−5.8
2006	974,740	0.2
2007	956,835	−1.8
2008	950,164	−0.7
2009	910,051	−4.2
2010	875,900	−3.8
2011	772,800	−11.8
2000~2011 CAGR(연평균 성장률)	−6.72	

자료: 식품산업동태조사 각 연도, (사)식품수급센터.

쓰케모노 생산량의 증감률 변화를 연도별로 살펴보면 2002년도에는 전년도에 비해 0.2% 감소하면서 2011년도까지 지속적으로 감소했음을 알 수 있다. 특히 2011년도의 증감률은 -11.8%로 다른 해에 비하여 크게 감소하였다. 이는 2010년 후반부터 해외산 원료가 기후 변화로 인해 수확량이 감소하여 원재료 가격이 상승하였기 때문에 2010년 이후 쓰케모노 생산량에 영향을 미쳤을 것으로 판단된다.

단위: 전년대비 증감률, %

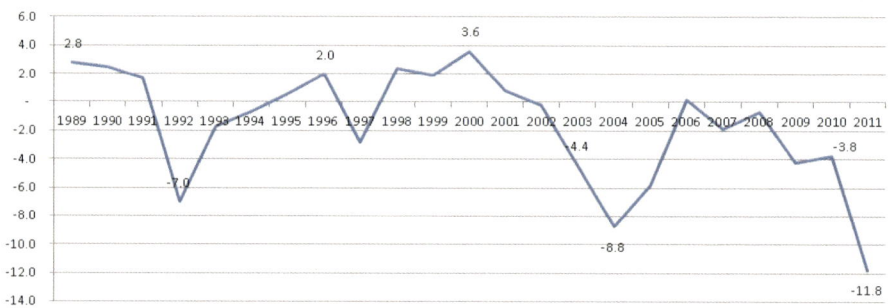

자료: 식품산업동태조사 각 연도, (사)식품수급센터.

그림 1-2. 쓰케모노 생산량 증감률 현황(1989~2011)

2. 쓰케모노 종류별 생산량 추이

전체 쓰케모노의 생산량은 2000년에 1,175.9천 톤이었으며, 2001년 식초절임과 김치의 생산량이 증가하면서 1,185.8톤으로 0.84%가 증가하였다. 1990년대 후반부

터 간장절임류의 생산량이 급격히 증가하기 시작하였으나 2003년 이후 생산량이 급격히 감소하기 시작하였다. 간장절임류의 생산량이 지속적으로 감소하고는 있지만 현재까지도 타 절임류보다 생산량이 많은 것을 확인할 수 있다. 아사쓰케(浅漬け), 시오쓰케(塩漬け: 소금절임), 쌀겨절임의 생산량은 1990년대 후반부터 지속적으로 감소하였으나, 식초절임의 경우 2000년 이후부터 약 10만 톤 정도의 생산량을 유지하고 있다.

그래프를 살펴보면 김치가 포함된 간장절임류는 쓰케모노 시장에서 매우 짧은 기간에 확고한 위치를 차지하게 되었음을 알 수 있다. 90년대 이후 김치 생산량의 갑작스러운 증가로 인하여 간장절임류의 전체 생산량이 증가된 것으로 보이며, 2005년에 발생한 김치 기생충 사건으로 인하여 당해 연도부터 2006년까지 김치 생산량이 감소하면서 간장절

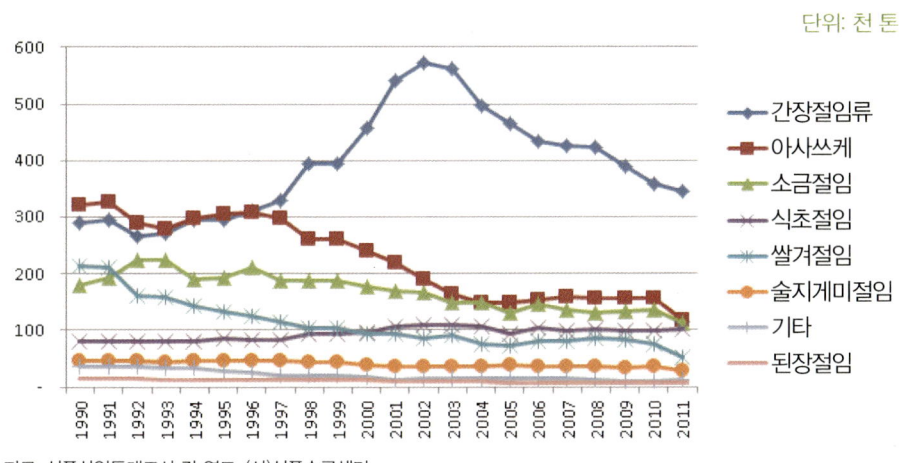

자료: 식품산업동태조사 각 연도, (사)식품수급센터.

그림 1-3. 쓰케모노 종류별 생산량(1990～2011)

임류의 생산량이 감소하였다.

시오쓰케(塩漬け: 소금절임)의 경우에는 2000년에는 16.6만 톤이 생산되었으며, 2001년에는 16.8만 톤이 생산되어 전년도 대비 1.18%로 증가하였으나 2002년에는 전년대비 0.65%, 2003년 10.5%가 감소하여 각각 16.7만 톤, 14.9만 톤으로 감소하였다. 2010년까지 13만 톤을 유지하고 있었으나 2011년도에는 11만 톤 정도밖에 생산되지 않았으며 앞으로도 점감할 것으로 예측된다. 2000~2011년도의 연평균 성장률은 −3.7%로 그래프에서 확인할 수 있듯이 점감하는 추세를 보이고 있다.

식초절임의 경우에는 90년대 초, 8만 톤 정도의 생산량을 유지하였으며, 2000년 10.0만 톤, 2001년에는 3.81%가 증가한 10.6만 톤이 생산되었다. 소폭의 변화는 존재하지만 2000년대에는 10만 톤의 생산량을 유지되고 있다.

아사쓰케(浅漬け)는 90년대 후반 이전까지 일본 가정 내에서 즐겨 먹는 채소식품으로 우리의 겉절이와 유사한 식품이다. 아사쓰케(浅漬け)는 1990년에 32.0만 톤, 1991년에는 32.6만 톤을 생산하였으나, 1992년부터 생산량이 감소하는 추세를 보이고 있다. 1992년의 생산량은 28.9만 톤으로 전년도대비 11.36%가 감소하였다. 2000년에는 22.5만 톤이 생산되었으며 2011년에는 11.7만 톤이 생산되어 2000~2011년 사이의 연평균 성장률은 3.87%가 감소하였다.

간장절임류의 경우 1990년에 29.0만 톤이 생산되어 아사쓰케(浅漬け)보다 낮은 생산량을 보였지만 1999년까지 지속적으로 증가하여 2.33%의 연평균 성장률을 보였다. 1999년의 생산량은 45.8만 톤으로 아사쓰케(浅漬け)의 24.0만 톤을 넘었으며 2배에 가까운 양이 생산되었다. 2002년까지 높은 성장률은 보이며 57만 톤까지 생산되었나, 2003년에 소폭 감소하면서 2011년까지 지속적으로 감소하는 추세를 보이고 있다. 2000년의 생산량은 52.6만 톤이며, 2011년의 생산량은 34.4만 톤으로 연평균 성장률은 -4.01%로 나타났다.

술지게미절임과 된장절임의 경우 2000년의 생산량은 각각 3.9만 톤, 1.0만 톤이었으며, 2011년 생산량은 2.9만 톤, 0.7만 톤으로 연평균 성장률은 감소하였다.

표 1-2. 쓰케모노 종류별 생산량 추이(2000~2011)   단위: 천 톤, %

연도	소금 절임	식초 절임	아사 쓰케	쌀겨절임 (단무지 포함)	간장 절임류	술지게미 절임	된장 절임	기타
2000	166.1	99.7	224.6	95.7	525.6	39.5	10.3	14.4
2001	168.0	106.5	218.3	93.2	539.5	36.6	10.5	13.2
2002	166.9	108.0	190.6	86.5	570.8	35.7	9.9	15.1
2003	149.3	107.8	164.7	89.8	560.4	35.5	9.9	14.5
2004	149.4	105.4	148.0	74.4	496.5	35.7	9.0	14.4
2005	129.3	94.3	149.1	73.5	466.0	37.7	8.0	14.9
2006	146.8	102.4	154.5	80.2	433.3	35.0	8.0	14.6
2007	135.9	99.5	158.0	81.1	425.3	34.5	8.0	14.5
2008	130.7	100.1	155.5	85.2	423.5	35.1	7.6	12.5
2009	132.1	99.2	155.7	83.0	389.6	32.3	7.5	10.5
2010	134.2	98.8	155.2	74.6	358.0	34.4	7.3	9.9
2011	111.4	101.5	116.5	52.2	343.8	28.7	7.5	11.2
연평균 증감률	-3.70	-0.94	-3.87	-3.64	-4.01	-3.33	-3.06	-3.08

자료: 식품산업동태조사 각 연도, (사)식품수급센터.

쓰케모노의 종류별 생산 비중을 살펴보면 2011년도 쓰케 모노의 생산량 중 간장절임류의 비중이 가장 높은 것을 확 인할 수 있다. 1990년에는 간장절임류의 비중이 24.6%에 불과하였으나 2000년에는 44.7의 비중을 차지하였다. 아 사쓰케(浅漬け)는 1995년에는 약 28%의 비중을 차지하였 으나, 2000년에는 19.1%, 2000년에는 15.1%로 생산 비중 이 점감하는 추세를 보였다. 아사쓰케(浅漬け)가 감소하는 요인으로는 수송상의 관리, 염분농도의 관리, 온도관리 등 상품관리의 어려움과 고가격 등의 영향으로 추측된다.

아사쓰케(浅漬け)는 일본식 김치로 화풍김치라고도 한 다. 과거 일본 식품업계에서 김치에 포함시켜야 된다는 주 장이 제기된 아사쓰케(浅漬け)는 한국식 김치의 성장으로 인하여 전체 쓰케모노 생산량에서 차지하는 비중이 감소하 였다. 이에 반하여 쓰케모노 생산 비중에서 김치가 포함된 간장절임류의 생산 비중은 점증하고 있음을 볼 수 있다.

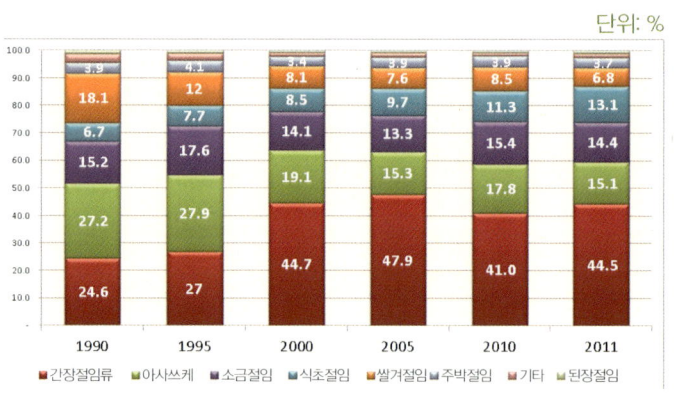

자료: 식품산업동태조사 각 연도, (사)식품수급센터.

그림 1-4. 쓰케모노 종류별 생산 비중

쓰케모노의 종류별 생산비중이 가장 높은 간장절임류의 세부 절임류는 후쿠진쓰케, 야채커트절임, 김치, 기타 항목으로 분류되어 있다. 1990년에는 간장절임류의 총 생산량인 29.1만 톤 중 야채커트절임이 37.4%(10.9만 톤)로 가장 생산량이 높았으며 다음으로는 김치가 28.7%(8.4만 톤), 후쿠진쓰케가 19.3%(5.6만 톤)의 순으로 높은 비중을 차지하였다. 하지만 한식에 대한 일본인들의 관심이 급증하면서 1997년에는 야채커트절임과 김치의 비중이 각각 36.5%(12.0만 톤), 36.7%(12.1만 톤)로 동일한 비중을 보였으며 이후부터는 김치의 비중이 급격히 상승하였다. 2003년에는 김치의 비중이 67.7%, 야채커트절임 16.0%, 후쿠진쓰케 11.1% 순으로 나타났으며, 간장절임류 중 김치가 가장 높은 비중을 차지한 해가 되었다. 하지만 2003년 이후 김치 비중은 점감하는 추세를 보이고 있으며 2011년에는 김치 56.2%(19.3만 톤), 후쿠진쓰케 19.2%(6.6만 톤), 야채커트절임 18.1%(6.2만 톤), 기타 6.6%(2.3만 톤) 순으로 나타났다.

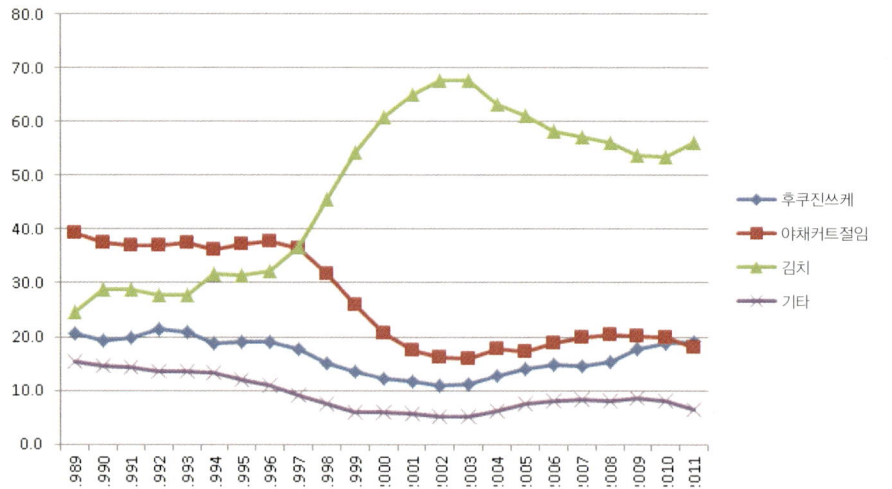

자료: 식품산업동태조사 각 연도, (사)식품수급센터.

그림 1-5. 간장절임류 생산 비중(1989~2011)

표 1-3. 간장절임류 생산량 추이(2000~2011)   단위: 톤, %

연도	소계	후쿠진쓰케	야채커트절임	김치	기타
2000	525,587	64,733	109,027	320,048	31,779
2001	539,482	62,810	95,124	351,100	30,447
2002	570,810	63,102	92,456	386,210	29,042
2003	560,439	62,363	89,596	379,606	28,874
2004	496,492	63,233	88,658	313,409	31,191
2005	466,031	65,589	80,918	284,914	34,611
2006	433,303	64,617	81,309	252,122	35,255
2007	425,311	62,126	84,249	243,027	35,909
2008	423,467	65,394	86,194	237,937	33,942
2009	389,587	68,750	78,900	209,235	32,971
2010	358,000	67,100	71,200	191,200	28,800
2011	343,800	65,900	62,200	193,200	22,600

자료: 식품산업동태조사 각 연도, (사)식품수급센터.

제 2 절
쓰케모노 유통

1. 판매 동향

1990년대 후반에는 아사쓰케(浅漬け)나 시오쓰케(塩漬け: 소금절임), 우메보시(梅干: 매실절임)의 수요가 줄었지만 김치 수요가 증가하여 전체 쓰케모노 시장의 판매량을 유지하고 있다. 2002년의 판매량은 125.2만 톤이며 판매액은 408,000백만 엔으로 나타났다. 이 시기의 일본 절임식품의 종류별 시장점유율은 김치 30%, 아사쓰케(浅漬け) 30%, 우메보시(梅干: 매실절임) 12%, 키자미쓰케(刻み付ける: 오이·가지절임) 10%, 식초절임 10%, 단무지 8%를 보였다.

표 1-4. 시장규모 추이 　　　　　　　　　　　　　　　　　단위: 천 톤, 백만 엔

연도	판매량	신장률	판매액	신장률
2002	1,252	100.0%	408,000	100.0%
2003	1,234	98.6%	402,300	98.6%

2004	1,224	99.2%	399,900	99.4%
2005	1,205	98.4%	393,000	98.3%
2006	1,157	96.0%	374,000	95.2%
2007	1,134	98.0%	365,550	97.7%
2008	1,126	99.3%	363,700	99.5%
2009	1,085	96.4%	350,000	96.2%
2010	1,035	95.4%	332,000	94.9%
2011(예상)	997	96.3%	319,000	96.1%
2012(예측)	1,020	102.3%	325,000	101.9%
2013(예측)	990	97.1%	315,000	96.9%
2016(예측)	955	96.5%	305,000	96.8%

주: 판매액은 메이커 출하를 베이스로 함.
자료: 식품마케팅편람 각 연도, ㈜후지경제.

2007년의 전국 쓰케모노 POS(포스)데이터를 살펴보면 쓰케모노 제품 중 7개의 김치 제품이 상위 10위권 내에 진입하였다. 김치 이외의 제품이 3개 제품 이하인 이유는 지역별로 쓰케모노의 종류가 다양하기 때문인 것으로 보이며, 판매액 순위에 한 번이라도 오른 제품이 100여 개인 마요네즈와 비교하였을 때 쓰케모노는 7,000여 개로 상품의 종류가 너무 다양하기 때문일 것이다.

또한 겉절이 형태의 아사쓰케(浅漬け)의 경우 신선도의 문제로 인하여 유통 범위가 한정되어 있고 지역상품이 발달되어 있어 상위권에 포함되기에는 큰 어려움이 있다.

2007년과 2008년에는 중국산 쓰케모노 수요의 감소와 함께 2009년의 리먼쇼크[2]로 인하여 급격하게 떨어진 일

---

2 리먼쇼크란 비우량주택담보대출로 인해 미국의 유명한 투자은행인 리먼브라더스의 파산으로 인한 세계적인 금융위기를 말한다.

본 소비자의 소비심리로 인해 김치 수요를 제외한 쓰케모노 시장규모는 전체적으로 감소하였다.

2008년 POS(포스)데이터에서도 볼 수 있듯이 판매금액의 상위 10위권에 김치 상품이 8개 제품을 차지하였으며 2009년에는 1개 제품이 늘어 총 9개 제품을 김치 상품이 차지하였다. 해외에서 유래된 김치 상품이 일본 현지에서 붐이 되어 10년 이상이 경과했지만 김치에 대한 지속적인 인기로 인해 쓰케모노 시장에서 차지하는 비율이 높아져 매장의 견인차 역할을 하고 있는 것으로 보인다.[3] 지역별 특색을 가지지 못하는 김치의 특성상 전국적으로 판매되는 브랜드를 가진 제품이 유통되는 데 반하여 타 쓰케모노의 경우 지역별 특색이 과거에 비해 더욱 강해져 다양한 제품이 판매되다 보니 판매액 순위에는 들지 못하는 것으로 보인다.

2010년에는 2009년의 소비심리 위축과 함께 기록적인 더위로 인하여 쌀밥을 먹는 횟수가 감소하여 쓰케모노의 시장이 더욱 위축되었다. 하지만 쓰케모노 제품의 전체적인 감소에도 불구하고 김치는 쓰케모노 시장에서 중심적인 역할을 하고 있으며 판매액 상위 10개 중 9개의 제품이 차지하였고, 2011년도에는 일본 대지진 피해로 인해 소비자들의 소비심리가 더욱 위축되어 쓰케모노의 시장규모는 더욱 축소하였다.

1) 종류별 판매 동향

신쓰케, 쌀겨절임(糠漬け: 누카즈케), 간장절임류의 판매

---

3 일본식량신문기사, "전국 쓰케모노 판매금액 랭킹 TOPPAN POS 데이터", 2009.9.29.

액은 전체적으로 감소하고 있지만 김치는 지속적으로 성장하고 있다. 신쓰케의 경우 2008년에는 75,500백만 엔이 판매되었고, 2010년에는 69,000백만 엔이 판매되었다. 김치의 경우, 2009년까지 신쓰케의 판매액에 뒤지고 있었으나 2010년 조사된 김치 판매액은 73,800백만 엔으로 신쓰케 판매액 69,000백만 엔을 뛰어넘었다. 신쓰케, 쌀겨절임 등의 쓰케모노의 판매액은 지속적으로 감소하고 김치의 판매액은 지속적으로 증가할 것으로 예측되고 있다.

표 1-5. 종류별 판매 동향(2008~2012) 단위: 백만 엔

연차 종류	2008년		2009년		2010년		2011년(예상)		2012년(예상)	
	판매액	구성비	판매액	구성비	판매액	구성비	판매액	구성비	판매액	구성비
신쓰케[4]	75,500	20.8	73,000	20.9	69,000	20.8	65,500	20.5	67,000	20.6
김치	68,900	18.9	71,200	20.3	73,800	22.2	74,400	23.3	75,000	23.1
쌀겨절임	56,000	15.4	52,000	14.9	50,000	15.1	48,000	15.0	48,500	14.9
간장절임그외	163,300	44.9	153,800	43.9	139,200	41.9	131,100	41.1	134,500	41.4
합 계	363,700	100.0	350,000	100.0	332,000	100.0	319,000	100.0	325,000	100.0

자료: 식품마케팅편람 각 연도, ㈜후지경제.

2) 시판용 채널별 판매 동향

양판점(대형소매점)[5]을 통해 판매되는 쓰케모노의 2011년도 판매액은 158,000백만 엔이 될 것으로 예상된다. 전체 채널의 74.5%를 차지하는 양판점(대형소매점)은 상품

---

4 신쓰케란 새롭게 담근 절임음식으로, 절이고 나서 얼마 지나지 않은 절임을 말한다.

진열 공간이 넓을 뿐만 아니라 제품의 구성도 풍부하여 이를 이용하는 시판용 제품들이 주를 이루고 있다. 하지만 일본의 수요 침체와 경쟁 심화로 인해 저가격경쟁이 진행되면서 전체 판매액은 점감하고 있는 추세이다. 양판점(대형소매점)을 통해 판매된 쓰케모노는 2009년에는 164,000백만 엔, 2010년에는 158,500백만 엔, 2011년 158,000백만 엔으로, 판매액은 줄었지만 전체 채널 중 차지하는 구성비는 각각 71.6%에서 73.4%, 74.5%로 증가하고 있다.

CVS(편의점)[6]에서는 1인 가정을 위한 소포장 상품들이 주로 판매되고 있으며, 신선식품을 판매하는 진열 코너가 양판점(대형소매점)에 비해 한정되어 있다. 이 때문에 진열되어 있는 상품의 수가 적으며 소량 판매되기 때문에 많은 재고를 가지고 있기 어렵다. CVS(편의점)를 통한 쓰케모노 판매액은 2009년 31,000백만 엔(13.5%), 2010년 27,500백만 엔(12.7%), 2011년 26,000백만 엔(12.3%)으로 판매액과 구성비 모두 감소하는 추세를 보이고 있다. CVS(편의점)를 통해 판매되는 제품은 전체 채널 유통 물량의 10% 정도를 차지하고 있다.

---

5 양판점(量販店)이란, 대량으로 상품을 파는 소매점. 슈퍼마켓이라고도 한다. 대규모 소매점포법이 적용되는 의료, 식료, 가구, 잡화 등을 취급하는 대형 소매점포로서, 셀프서비스 판매방식과 센트럴 바이잉 시스템의 구입방식을 취하는 체인 스토어 전개에 특징이 있다. 품종을 줄여서 로프라이스(low price)부터 미들 프라이스를 중심으로 한 상품구비로 전개된다. 출처: 한국사전연구사.

6 CVS란 편의점(convenience store)의 줄임말로서 소비자 중심에서 느껴지는 편리성을 강조하는 소형소매점포이다. 편의점은 연중무휴, 조기, 심야영업, 주거지 근처에 위치, 10~100평의 중형점포, 식료품과 일용잡화를 중심으로 하는 2,500개 내외의 상품을 취급하는 특징을 가진다. 출처: 시사용어사전(www.donga.com).

표 1–6. 시판용 채널별 판매 동향(2009~2011)　　　　　　　　　　　　　　　　　단위: 백만 엔

연차 채널	2009년		2010년		2011년(예상)	
	판매액	구성비	판매액	구성비	판매액	구성비
양판점(대형소매점)	164,000	71.6	158,500	73.4	158,000	74.5
CVS(편의점)	31,000	13.5	27,500	12.7	26,000	12.3
그 외	34,000	14.8	30,000	13.9	28,000	13.2
합 계	229,000	100	216,000	100.0	212,000	100.0

자료: 식품마케팅편람 각 연도, ㈜후지경제.

단위: 백만 엔

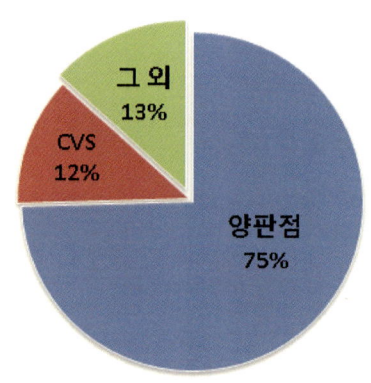

자료: 식품마케팅편람 2012, ㈜후지경제.

그림 1–6. 시판용 채널별 판매 동향(2011)

3) 패키지 동향

　　포장용기의 경우, 봉지(袋: 자루)[7]가 40% 이상을 차지하며 가장 높게 나타났다. 2009년에는 155,000백만 엔이었으며, 2010년 147,000백만 엔, 2011년 141,000백만 엔으로

---

7 식품마케팅편람에서는 자루(袋)로 표현되고 있다.

판매금액은 낮아지는 추세이지만 판매비중은 44%를 유지하고 있다. 최근에는 개봉 후 접시에 덜어야 되는 봉지(袋: 자루) 포장용기의 불편을 줄이기 위하여 개봉 후 바로 먹을 수 있는 플라스틱용기로 변경하는 움직임이 보이고 있다. 또한 일부 업체에서는 일본 정부가 실시한 에코포인트 제도를 반영하여 상품의 내용량은 그대로이지만 포장지를 줄인 소형화 제품을 생산하려는 노력을 하고 있다.

표 1-7. 패키지 동향(2009~2011)　　　　　　　　　　　　　　　　단위: 백만 엔

패키지	2009년		2010년		2011년(예상)		2011년 환산품목		
	판매액	구성비	판매액	구성비	판매액	구성비	상품명	세입 소매가격	환산 개수※
봉지 (袋: 자루)	155,000	44.3	147,000	44.3	141,000	44.2	이와시타의 매운랏쿄	525엔	434백만 봉지
플라스틱 용기	88,500	25.3	125,000	37.7	123,000	38.6	고항가스 스무김치	260엔	764백만 봉지
그 외	106,500	30.4	60,000	18.1	55,000	17.2			
합 계	350,000	100	332,000	100.0	319,000	100.0	※출하가격으로 환산		

자료: 식품마케팅편람 각 연도, ㈜후지경제.

개봉 후 바로 먹을 수 있는 플라스틱용기의 수요가 늘어나면서 쓰케모노 시장에서 포장용기의 변화가 나타나고 있으며 급속히 성장한 김치포장의 경우에는 봉지(袋: 자루) 형태의 제품은 거의 찾아볼 수 없으며, 플라스틱용기(트레이)가 주로 이용되고 있다. 플라스틱용기는 편의성을 고려한 소비자의 수요 증가로 인해 2009년 25.3%에서 2011년 38.6%의 구성비로 증가하는 추세이며 2012년 이후에도 지속적으로 소비자의 선호를 얻을 것으로 보인다.

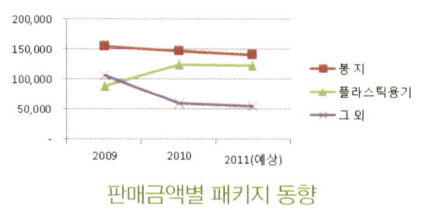

판매금액별 패키지 동향

판매 비중별 패키지 동향

자료: 식품마케팅편람 각 연도, ㈜후지경제.

그림 1-7. 패키지 동향 변화 추이(2009~2011)

2. 업체별 시장점유율 현황

　일본의 쓰케모노 시장은 지역별로 특화된 제품이 많이 존재하기 때문에 각 지역마다 수많은 제품이 나타나고 있으며 단품으로서 전국적인 점유율을 차지하기는 어렵다. 쓰케모노의 시장점유율이 높게 나왔다고 하더라도 10%를 넘기 어려우며 1% 미만의 제품이 대다수를 이룬다. 또한 쓰케모노에는 김치가 포함되어 있기 때문에 김치를 제외한 순수 쓰케모노의 시장점유율을 알기는 어렵다.

　가장 많은 시장점유율을 차지하고 있는 도카이쓰케모노(東海漬物)는 주력상품인 "고쿠우마" 제품의 지속적인 성장과 브랜드 쇄신을 위해 제품 가격을 상승한 "큐리노 큐짱"의 선전으로 시장점유율이 지속적으로 성장할 것으로 보인다.

도카이쓰케모노(東海漬物)의 자회사인 피클스 코퍼레이션(ピックルスコーポレーション)의 경우, 2009년 "고향가스스무" 제품 발매와 함께 지속적인 성장세를 보이고 있다. 김치를 중심으로 한 제품 개발 및 홍보를 통하여 시장점유율이 늘고 있는 추세이며, 2010년에는 취급점포 지역의 확대를 통해 신규고객을 유입하여 시장점유율을 늘리고 있다.

표 1-8. 메이커 점유율(2009~2012) 　　　　　　　　　　　　　단위: 백만 엔, %

연차 기업명	2009년		2010년		2011년(예상)		2012년 (예측)	
	판매액	점유율	판매액	점유율	판매액	점유율	판매액	점유율
도카이쓰케모노 (東海漬物)	17,000	4.9	17,500	5.3	18,000	5.6	19,000	5.8
피클스 코퍼레이션 (ピックルスコーポレーション)	14,200	4.1	16,600	5.0	17,000	5.3	18,000	5.5
아키모토 식품 (秋本食品)	12,300	3.5	12,700	3.8	13,300	4.2	13,700	4.2
신신	10,600	3.0	10,600	3.2	10,400	3.3	10,300	3.2
마르코시	3,100	2.6	8,800	2.7	8,800	2.8	9,000	2.8
빈고쓰케모노 (備後漬物)	7,200	2.1	8,600	2.6	8,800	2.8	9,800	3.0
미야마(美山)	6,000	1.7	7,000	2.1	8,500	2.7	9,600	3.0
이와시타 식품	7,600	2.2	7,300	2.2	7,300	2.3	7,500	2.3
그 외	266,000	76.0	242,900	73.2	226,900	71.1	228,100	70.2
합 계	350,000	100.0	332,000	100.0	319,000	100.0	325,000	100.0

자료: 식품마케팅편람 각 연도, ㈜후지경제.

아키모토 식품은 "후쿠진쓰케", "후루쓰케,"[8] 아사쓰케(浅漬け), 김치, 우메보시(梅干: 매실절임), 단무지 등 주력

상품을 통해 4.0%대의 시장점유율을 보이고 있다.

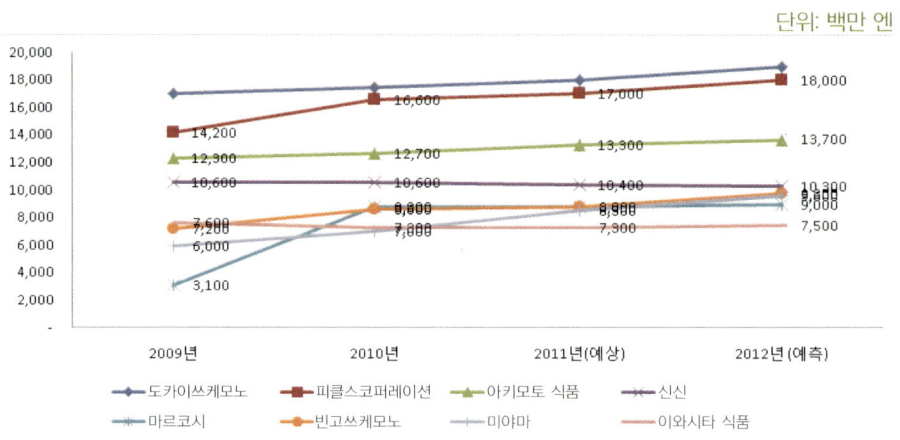

그림 1-8. 메이커 점유율(2009~2012)

자료: 식품마케팅편람 각 연도, ㈜후지경제.

신신은 김치를 제외한 쓰케모노를 주로 판매하고 있으며, 시장점유율은 평년과 비슷한 수준을 보이고 있으나, 판매액은 점감하고 있는 추세이다.

빈고쓰케모노(備後漬物)는 "우마에비김치" 시리즈를 통해 시장점유율을 늘리고 있는 기업이다. 주력상품으로는 "우마에비김치(맛있는 새우김치)"가 있다.

브랜드별 시장점유율에 나타난 브랜드 중, 네 개의 제품을 김치가 차지하고 있어 일본 내에서 김치의 인기를 실감할 수 있다. 이 중 도카이쓰케모노(東海漬物)의 "큐리노큐짱" 제품은 2009년 2,500백만 엔의 판매액을 보였으며

....
8   오랫동안 담가 둔 채소 절임.

2011년에는 2,700백만 엔으로 성장할 것으로 예측되고 있다. "큐리노 큐짱"은 1962년 출시되어 50년 동안 판매되어 온 상품이다.

표 1-9. 브랜드 점유율(2009~2011)   단위: 백만 엔

브랜드명	기업명	2009년		2010년		2011년(예상)	
		판매액	점유율	판매액	점유율	판매액	점유율
고쿠우마	도카이쓰케모노 (東海漬物)	9,000	2.6	9,700	2.9%	10,300	3.2%
고향가스 스무시리즈	피클스코퍼레이션	2,000	0.6	4,000	1.2%	4,400	1.4%
규각시리즈	푸드레벨(フードレ ーベル)	3,300	0.9	3,500	1.1%	3,300	1.0%
일본풍김치	빈고쓰케모노 (備後漬物)	1,700	0.5	3,000	0.9%	3,100	1.0%
큐리노큐짱	도카이쓰케모노 (東海漬物)	2,500	0.7	2,600	0.8%	2,700	0.8%
그 외		331,500	94.7	309,200	93.1%	295,200	92.5%
합 계		350,000	100	332,000	100.0%	319,000	100.0%

자료: 식품마케팅편람 각 연도, ㈜후지경제.

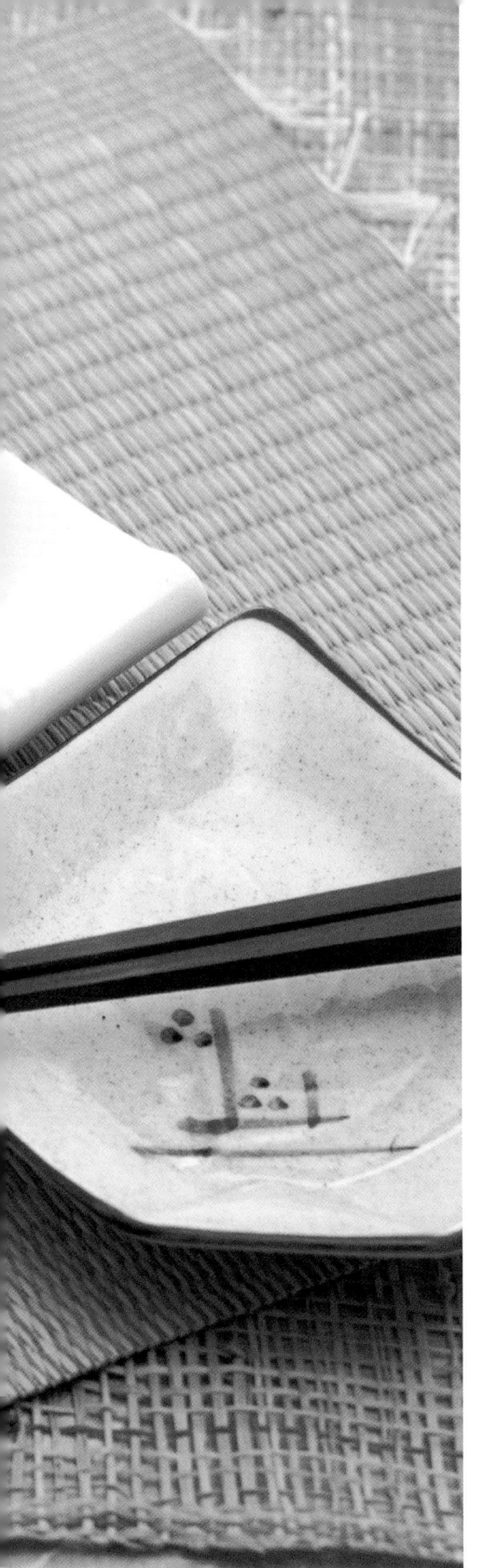

Part 02

김치시장 현황

제 1 절
생산 동향

1. 일본의 김치 생산량

    일본인의 라이프스타일이 변화하면서 점차 줄어들고 있는 쓰케모노 생산량 중에서도 김치는 2005년 기생충 사건 발생 전까지 지속적인 성장을 기록하였다. 한국의 대표 식품인 김치는 1988년 서울 올림픽 개최를 계기로 일본 소비자가 높은 관심을 보이기 시작하면서 90년대에 발생한 한국식품 붐과 함께 90년대 초반 9만 톤 정도에 불과했던 생산량이 90년대 후반에 갑작스럽게 성장하여, 91년에 비해 99년(25만 톤)의 생산량은 약 3배 정도 증가하였다.

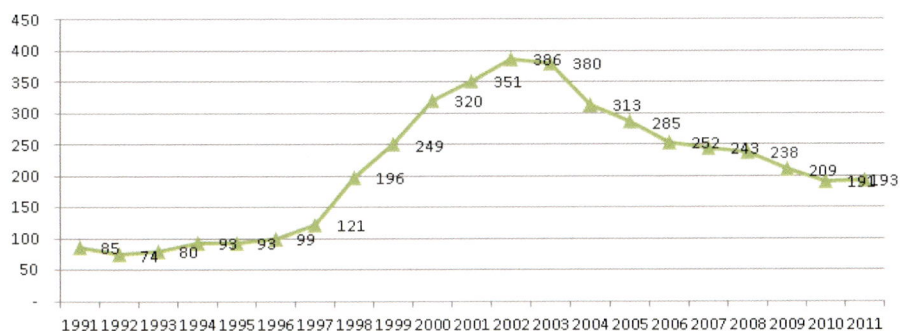

자료: 식품산업동태조사 각 연도, (사)식품수급센터.

그림 2-1. 일본의 김치 생산량 추이(1991~2011)

　　김치 생산량의 최고치를 달성했던 2002년 이후 2003년
의 일본 김치 생산량은 39.0만 톤으로 전년도보다 -1.71%
감소하였으며 2004년에는 31.3만 톤으로 2003년도에 비해
17.4% 감소하였다. 이 시기의 김치시장은 포화 상태에 이
르렀음을 시사하고 있다. 2005년에는 갑작스러운 수입산
김치의 기생충 사건으로 인하여 일본 김치시장은 큰 타격
을 입었으나, 일본 김치 제조업체에게 자국산 김치 점유율
을 증가시킬 수 있는 기회로 작용하였다. 많은 유통업체들
이 수입산 김치 유통에 적신호가 켜졌으나 일본 김치 제조
업체는 김치의 안전성을 마케팅 전략으로 내세워 위축되어
있는 소비심리를 진작시키기 위해 많은 노력을 하였다. 이
후 김치 생산량은 감소하였으나 전체 시장에서 일본산 김
치의 입지를 다지는 좋은 기회로 작용하였다.
　　식습관의 서구화에 따른 쌀 및 야채 소비 감소 현상 등

으로 인하여 일본에서는 전체 절임류 시장 규모가 축소하는 경향을 보이고 있으며, 전체 쓰케모노 생산량이 1997년 111.7만 톤에서 2005년에는 97.3만 톤, 2011년 77.3만 톤으로 지속적으로 감소하고 있다.

반면 일본 김치 생산량은 2011년에는 193천 톤으로 전체 쓰케모노 생산량의 25.0%의 비중을 차지하고 있어 쓰케모노 생산량 중 높은 비중으로 생산되고 있음을 확인할 수 있다. 1997년 김치 생산량은 12.1만 톤으로 같은 해 쓰케모노 생산량인 108.8만 톤에서 전체 비중의 11.1%를 차지하였다. 다음 해인 1998년 김치 생산량은 전년도보다 49.4% 이상 증가하여 18.0만 톤이 생산되었으나, 이에 반하여 쓰케모노의 총 생산량은 111.3만 톤으로 전년도에 비해 2.4% 증가한 것으로 나타났다.

2005년에 발생된 기생충 사건으로 인하여 수입산 김치의 시장 퇴출이 발생한 이후 전체 김치시장이 축소되었으며 일본의 김치 생산량은 점감하고 있는 추세이다.

표 2-1. 일본의 연도별 김치 생산량 추이(2000~2011)　　　　　　　　단위: 톤, %

연도	전체 쓰케모노(A)	김치(B)	B/A
2000	1,175,964	320,048	27.2
2001	1,185,843	351,100	29.6
2002	1,183,594	386,210	32.6
2003	1,131,925	379,606	33.5
2004	1,032,873	313,409	30.3
2005	972,920	284,914	29.3
2006	974,740	252,122	25.9
2007	956,835	243,027	25.4
2008	950,164	237,937	25.0

2009	910,051	209,235	23.0
2010	875,900	191,200	21.8
2011	772,800	193,200	25.0
연평균 증가율	−4.23	−3.91	−

자료: 식품산업동태조사 각 연도, (사)식품수급센터.

일본에서 김치는 1997년 이후 전체 쓰케모노 생산량 중 김치 생산 비중이 급속히 증가하였음을 알 수 있다. 다음 그래프는 김치가 시장에서 급속히 성장하여 단기간 안에 일본의 절임식품류 시장에서 확고한 위치를 차지하게 되었다는 사실을 보여 준다. 1999년 이후 김치가 다이어트에 효과가 있다는 것이 소비자에게 알려지면서 한국산 김치의 소비 증가와 함께 일본 김치시장의 가능성을 발견한 일본의 절임사업자들이 절임류보다 상대적으로 부가가치가 높은 김치사업으로 전환하여 김치 생산량이 크게 증가했던 것으로 판단된다. 91년도에는 전체 쓰케모노 생산량의 7.1%를 차지하였으나 97년에는 12만 톤으로 약 10.8%를 차지하였으며, 2000년에는 27.2%(25만 톤), 2003년 33.5%(38만 톤)를 차지하여 쓰케모노 생산량 중 김치가 가장 많은 비중을 차지하였다. 2004년부터 2010년까지 김치 비중이 점감하기 시작하였으나, 2011년에는 쓰케모노 생산량이 77.3만 톤으로 급감하였기 때문에 전체 쓰케모노 중 김치가 차지하는 비중이 25.0%(19.3만 톤)로 전년도의 21.8%(19.1만 톤)보다 높게 나타났다.

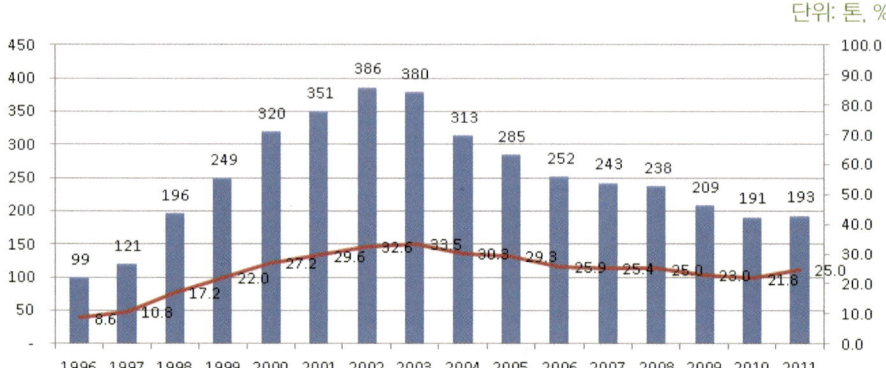

단위: 톤, %

자료: 식품산업동태조사 각 연도, (사)식품수급센터.

그림 2–2. 일본산 김치 생산량과 쓰케모노 비중

2. 생산업체 현황

일본의 절임류 생산업체는 거의 모든 업체에서 모두 김치를 생산할 수 있는 잠재력이 있다고 판단된다. 한국의 김치가 현지화되면서 많은 절임식품 생산업체들이 김치를 병행하여 생산하거나, 김치생산업체로 전환하였다. 일본에서 김치를 생산하고 있는 대표적인 일본산 김치 제조업체로는 도카이쓰케모노(東海漬物), 빈고쓰케모노(備後漬物), 나카가와식품, 마르코시, 아키모토 식품(秋本食品), 피클스 등이 있다.

표 2-2. 주요 일본산 김치

회사명	주요 제품명	비고
도카이쓰케모노(東海漬物)	코쿠우마김치, 푸치코쿠우마김치	판매량 1위
빈고쓰케모노(備後漬物)	화풍(和風), 야키니쿠야상김치	
나카가와	본격(本格)김치, 서울김치	타파웨어식 포장용기
마르코시	우마카 김치	
아키모토	왕도 김치	
피클스 코퍼레이션(ピックルス コーポレーション)	조조엔 김치	

도카이쓰케모노(東海漬物) 사(社)는 2000년에 김치사업에 참가하였으며 중국산 김치의 기생충 사건 발생 후, 2004년 "고쿠우마 김치" 제품(200g, 320g)을 발매하였다. 일본산 원료를 사용한 "고쿠우마 김치" 제품이 소비자의 지지를 받아 2007년 1위 브랜드로 성장하였으며, 2007년에는 "푸치고쿠우마"라는 2팩 포장 제품(100g)을 선보이며 김치시장에서 더욱 성장하게 되었다. 전국 모든 점포에 거의 공급되고 있으므로 시장점유율 확대보다는 시장점유율 유지에 힘써야 할 것으로 판단되고 있다.

빈고쓰케모노(備後漬物) 사(社)는 2005년 이후 "화풍김치", "야키니쿠야상 김치"에 사용되던 중국산 재료를 국산 원료로 전환하였으며, 2008년에는 "요시노야 백채 김치"의 공급망을 전국적으로 확대하고자 노력하였으며 "우마이 새우 김치"의 리뉴얼 등을 실시하였다.

나카가와 사(社)는 국산 재료로 만든 '본격김치'를 판매하여 2005년 기생충 사건 시에도 피해를 줄일 수 있었다.

마르코시 사(社)는 중부지역을 중심으로 판매되고 있으며 주요 브랜드명으로는 "우마카 김치"로 고가의 국내산 제품이라는 콘셉트를 가지고 있다.

아키모토 사(社)의 주요 제품은 "왕도김치"이며 일본산 주재료를 사용하여 소비자의 신뢰를 얻었으나 성장률은 낮은 것으로 보인다.

피클스 사(社)가 2009년 10월부터 발매를 시작한 "고향가 스스무" 제품은 요리연구가 아이타 고우지와 공동 기획하여 발매하였으며, 시장진입 전략으로서 적극적인 광고 활동을 펼친 결과 소비자의 지지를 얻어 초기 발매 시부터 판매순위의 상위에 랭크되었다.

푸드레벨(フードレーベル) 사(社)는 "우각(牛角)김치(한국직송)" 제품을 주 제품으로 가지고 있으며, 제품의 콘셉트는 한국산 발효 김치이다. 2006년 기생충 사건으로 인해 판매액이 감소하였으나, 철저한 품질관리체제를 부각하여 홍보한 결과, 소비자의 신뢰를 회복할 수 있었다. 2009년에는 타사의 저가 경쟁 속에서도 적정가격을 유지하였으며, 동북지역과 긴키 지역의 TV CM을 통해 판매호조를 보였다. 2010년에는 한국의 배추 공급의 불안정으로 인해 시장공급량은 전년도와 비슷하였다.

3. 김치 수급 동향

일본에서 유통되고 있는 김치의 원산지를 살펴보면 일본

산, 한국산, 중국산 제품으로 구분할 수 있다. 일본산의 경우 1998년 18만 톤으로 생산량이 급증한 이후 2002년까지 지속적으로 생산량이 증가하였다. 급성장한 김치시장이 포화 상태에 이르렀기 때문에 2003년부터 생산량은 감소하고 있다. 한국산 수입김치의 경우, 일본 생산 제품과 마찬가지로 2002년까지는 시장이 급성장하였으나, 2003년 이후 점감하는 추세를 보였다. 2005년의 기생충 사건으로 인하여 수입량이 감소하는 경향을 보였지만 최근에는 한국산 제품을 선호하는 소비자층이 늘어나고 있어 수입량이 유지되고 있는 것으로 보인다.

　일본 생산 제품과 한국 수입제품의 증감률 변화를 확인해 보면 한국산 수입제품의 경우 2003년까지 급증하는 형태를

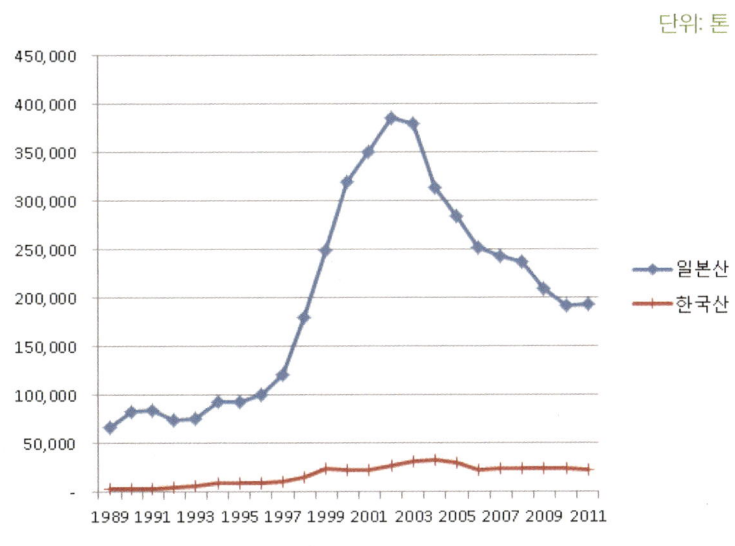

단위: 톤

자료: 일본재무성 무역통계.

그림 2-3. 일본의 김치수급 동향(1989∼2011)

보이지만 1999년까지 증감률의 변화가 큰 폭으로 나타나고
있다. 하지만 2000년 이후부터 2003년까지 소폭 증가하는
형태를 보인다. 2004년부터 2007년까지 한국산 김치에 대
한 안전성 불신으로 인해 마이너스 성장을 기록하였다. 일
본에서 생산된 김치제품의 경우에도 한국산 수입제품보다
증감률의 변화는 크지 않지만 비슷한 형태를 보이고 있으
며 2007년 이후부터는 증감률의 폭이 작아진 것으로 보아
시장이 안정권에 접어들었다고 볼 수 있을 것이다.

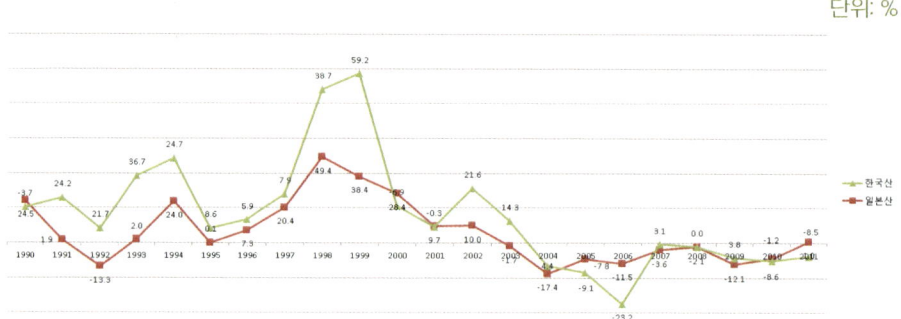

단위: %

자료: 일본재무성 무역통계.

그림 2-4. 일본의 김치 수급 증감률 변화(1989~2011)

최근 일본 내에서 유통 중인 김치는 22만 톤으로 일본산
19.3만 톤, 한국산 수입품은 2만 톤이 수입되었다. 중국산
수입제품의 물량을 계측하긴 어렵지만 김치업체에서 자체
조사된 수입량은 7천 톤으로 나타났다.

표 2-3. 일본의 김치수급 동향(2003~2011) 　단위: 톤

구 분	2003	2004	2005	2006	2007	2008	2009	2010	2011
일본 생산량(A)	279,606	313,410	284,900	252,100	243,000	237,900	209,200	191,200	193,200

한국산 수입량(B)	30,854	32,202	29,700	228,00	23,500	23,500	24,400	24,100	22,054
중국산 수입량(C)	24,477	33,859	9,400	7,300	6,900	5,700	6,100	7,100	7,000
합계 (A+B+C)	334,937	379,471	324,000	282,200	273,400	267,100	239,700	222,400	222,254

주: 중국산 수입량은 예측된 자료이며, 실제 수입량과 다를 수 있음.
자료: 일본재무성 무역통계 및 김치업체 자체 통계.

최근 한국산 수입제품의 비중은 10% 내외 수준으로 22만 톤을 차지하고 있으며 2003년부터 꾸준히 증가해온 것을 확인할 수 있다. 하지만 중국산의 경우 2004년 저가격이라는 경쟁력을 가지고 시장에서 성장하는 추세를 보였지만, 2005년에 갑작스러운 제품의 안전 문제로 인해 수입량이 급감하더니 현재 2~3% 점유율만을 차지하고 있는 것으로 나타났다. 중국산 제품의 위생문제에 대한 부정적인 인식은 아직까지 회복되지 못하고 있으나 최근 저가 할인점을 중심으로 조금씩 취급되고 있다.

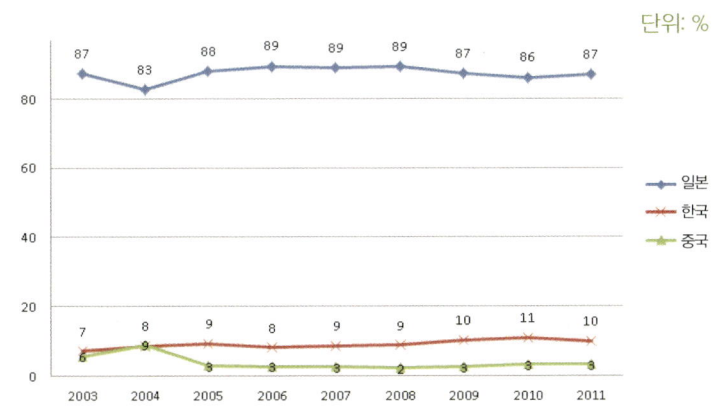

자료: 일본재무성 무역통계 및 김치업체 자체 통계.

그림 2-5. 일본 시장 내 김치 원산지별 수급 동향(2003~2011)

제 2 절
유통 실태

1. 시장규모 추이

일본의 1980년대 후반 매스컴을 통해 "한국 김치는 세계적인 건강식품"이라는 이미지를 얻은 이후, 김치의 매운맛이 일본 소비자들 사이에서 유행처럼 붐을 이루기 시작했다. 90년대 후반에는 고추에 함유된 캡사이신이 지방분해에 도움이 된다는 사실이 TV방송 등을 통해 알려지면서 김치의 수요가 더욱 확대되었다.

표 2-4. 김치시장 규모 추이(2001~2016) 　　　　　　　　　단위: 톤, 백만 엔

연도	판매량	전년대비	신장률	판매액	전년대비	신장률
2001년	240,000	–	100.0	76,300	–	100.0
2002년	247,400	103.1	103.1	78,200	102.5	102.5
2003년	247,300	100.0	103.0	78,000	99.7	102.2
2004년	245,300	99.2	102.2	77,300	99.1	101.3

2005년	232,000	94.6	96.7	73,400	95.0	96.2
2006년	206,000	88.8	85.8	64,500	87.9	84.5
2007년	212,200	103.0	88.4	66,900	103.7	87.7
2008년	218,700	103.1	91.1	68,900	103.0	90.3
2009년	227,000	103.8	94.6	71,200	103.3	93.3
2010년	236,500	104.2	98.5	73,800	103.7	96.7
2011년(예측)	239,500	101.3	99.8	74,400	100.8	97.5
2012년(전망)	242,000	101.0	100.8	75,000	100.8	98.3
2013년(전망)	243,500	100.6	101.5	75,300	100.4	98.7
2016년(전망)	246,000	101.0	102.5	76,000	100.9	99.6

주: 판매액은 메이커 출하를 베이스로 함.
자료: 식품마케팅편람 각 연도, ㈜후지경제.

김치시장 규모에 관한 자료는 후지경제를 통해 발간되고 있는 식품마케팅 편람을 통해 확인할 수 있다. 이 자료에 따르면 2001년 김치는 24만 톤으로 76,300백만 엔이 판매 되었으나, 2002년 한일 월드컵으로 한식에 대한 관심이 증가하면서 김치판매액은 78,200백만 엔(24.7만 톤)으로 증가하였다.

한일 월드컵이 끝난 2003년에는 김치 판매가 주춤하였으며, 78,000백만 엔(24.7만 톤)이 판매되었다. 이후 2005년 후반기에 발생된 중국산, 한국산 김치의 기생충 검출 사건으로 인해 2006년에는 시장규모가 급격히 감소하였으며, 이 시기의 판매량은 2005년 23.2만 톤(73,400백만 엔), 2006년 20.6만 톤(64,500백만 엔)으로 나타났다.

2007년에는 상품김치 전체시장에서 소비자의 중국산 제품 불신이 확대되어 낮은 시장점유율을 보이고 한국산 제품의 경우에는 회복의 기미를 보였으나, 상대적으로 안전함을 강조한 일본산 김치제품을 중심으로 김치시장이 회복되는 기미를 보여 21.2만 톤이 판매되었으며, 판매액은 66,900백만 엔으로 나타났다. 김치시장은 계속적으로 성장하고 있는 것으로 보이며 2010년에는 23.7만 톤으로 판매액은 73,800백만 엔인 것으로 나타났다. ㈜후지경제에서는 2012년에는 2001년도의 시장규모를 회복할 것으로 전망하고 있다.

표 2-5. 일본의 김치시장 동향 추이

연도	동향	이유
1988	⇧	서울올림픽 개최, 일본 내 매운 음식의 붐이 읾.
1993	⇧	소비자의 김치 맛 선호 변화(아카사쓰케풍 김치→한국식 김치)
1994	⇧	한국산 김치의 붐으로 한국식 김치 생산량 증가와 더불어 일본식 김치 생산량도 증가
1990 후반	⇧	고추장에 함유되어 있는 캡사이신에 지방연소 효과가 있다는 것이 TV프로그램에 소개됨. 1999년 전체 쓰케모노 생산량의 22.0%를 차지
2002	⇧	2002년 월드컵. 한국 요리에 대한 관심이 높아지면서 시장 확대
2003	⇧	유산균 김치(한국산)의 새로운 평가, 저가격 전략의 중국산 김치의 시장점유율 증가
2005	⇩	중국산, 한국산 기생충 문제 발생으로 수입산 제품 철거, 김치시장 축소
2007	⇩	중국산 제품 불신으로 인한 판매 저조, 한국산 김치 수요 회복 기미. 상대적으로 안전성을 강조하는 일본산 김치가 호조를 보이며 시장 회복 추세
2008	⇧	일본산 김치 견인차 역할로 인한 한국산 수입 김치시장 확대. 중국산 제품의 시장점유율 1~3% 수준으로 대폭 축소
2009	⇧	가을부터 일본 경제환경 악화로 인한 김치 신장률 둔화. 東海식품 등 절임류 대형회사의 높은 지명도를 활용한 일본산 김치 생산 증가
2010	⇧	한국산 배추가격 폭등 등을 계기로 일본산 김치의 호조세

자료: 식품마케팅편람 각 연도, ㈜후지경제, aT자료 재정리.

다음 그림에서도 확인할 수 있듯이 수입김치의 기생충 문제가 발생한 직후 3년 동안 업계의 노력과 소비자의 안전성 불신문제 해결을 통해 김치시장은 2000년 초기 시장규모를 회복하는 추세를 보이고 있다.

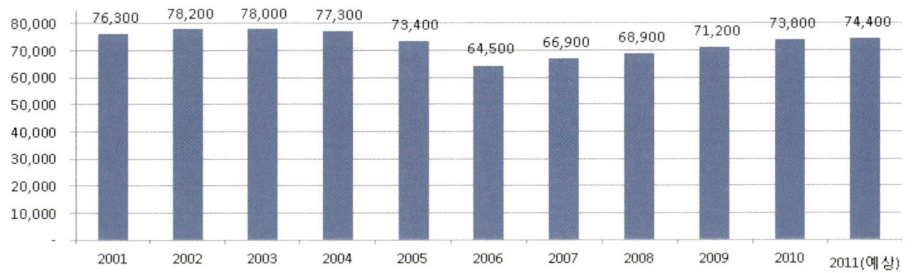

자료: 식품마케팅편람 각 연도, ㈜후지경제.

그림 2-6. 김치 유통 동향(2001~2011)

1) 김치 유통경로

일본산과 수입산의 유통경로는 비슷한 듯 보이지만 약간 의 차이를 보인다. 일본산 김치는 절임류 도매상, 대형 슈 퍼마켓, 외식도매상으로 납품이 되고 있다. 일본산 생산 김 치의 60% 이상이 절임류 도매상을 거쳐 소비자에게 판매되 고 있으며, 약 20% 정도는 슈퍼마켓 PB(private brand) 제 품이나 특판 제품 등의 저가격 전략으로 도매상을 거치지 않고 슈퍼마켓으로 직접 납품되는 형태를 취하고 있다. 또 한 약 20~30% 정도는 외식도매상으로 납품되어 패밀리 레 스토랑이나, 이자카야[19]를 중심으로 판매되고 있다. 이러 한 외식업체의 경우, 안전성을 이유로 일본산을 선호하는 것으로 나타났으며, 한국산은 약 5% 정도밖에 유통되지 않 는 것으로 나타났다. 또한 중국산의 경우 일본산과 한국산 제품과 달리 낮은 단가로 제품을 공급할 수는 있으나, 식품 위생 및 안전에 대한 부정적인 이미지로 인하여 외식업체 납품에는 어려움을 겪고 있다.

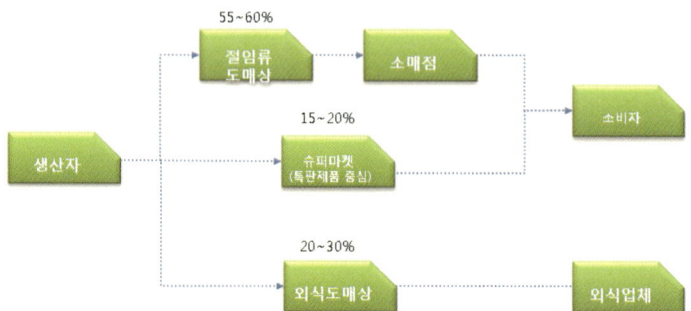

자료: 일본 김치 시장점유율 조사, 농수산물유통공사, 2010.

그림 2-7. 일본산 김치 유통경로

  일본 김치는 로컬 벤더를 주로 이용하여 전국적으로 빠른
배송을 통해 소비자에게 신선한 김치를 공급하고자 한다.
김치의 특성상 콜드체인시스템을 통하여 10℃ 이하의 온도
가 유지되어야 하며, 짧은 유통기한(10~15일 내외)으로 유
통상의 어려움을 겪고 있다.

  한국산 제품의 경우 크게 3가지 형태로 유통되며 일반적
으로는 수입업체를 통하여 도매상, 소매점을 거쳐 소비자
에게 공급되고 있으나, 자사 대리점을 보유하고 있는 경우
에는 현지 지사가 수입하여 판매대행업체를 통해 소비자에
게 유통되고 있다. 한국산 제품이 외식업계를 통한 유통 점
유율을 늘리기 위해서는 한국 공장 방문을 통해 안전성을
가장 부각시켜 외식업계로부터 한국산 김치가 안전하다는
인식을 심어 주는 것이 필요하다.

9 이자카야란 일본의 선술집을 의미하는 말이며, いーざかや[居酒屋]으로 표기한다.

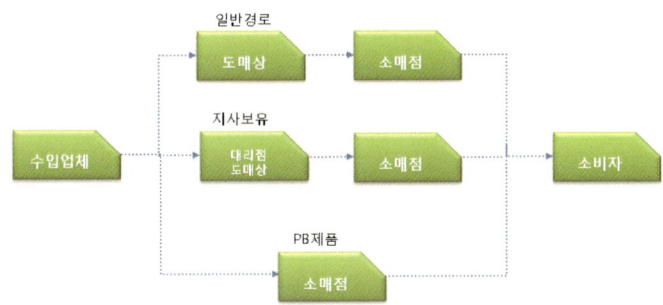

자료: 일본 김치 시장점유율 조사, 농수산물유통공사, 2010.
그림 2-8. 수입산 김치 유통경로

2) 용도별 김치 판매 동향

　용도별 김치 판매 동향을 살펴보면 2011년에 시판용 김치는 54,400백만 엔으로 전체 73.1%를 차지하고 있다. 이에 반하여 업무용으로 유통되는 김치는 전체의 26.9%로 20,000백만 엔으로 나타났다. 시판용으로 판매되는 김치는 일반 소비자에게 직접 공급되며, 대형마트, 편의점, 온라인 쇼핑 등을 통해 판매된다. 업무용의 경우에는 외식업체를 통해 판매되며 2010년에는 도시락체인점, 규동체인점 등을 통해 판매되었다. 수입산 김치 제품 중 한국산은 슈퍼, 편의점을 통해 판매되는 비중이 90% 이상이며, 중국산은 업무용이나 특판 제품으로 유통되고 있다. 일본산 김치는 시판용 70%, 업무용 30% 정도의 점유율을 보이고 있다.

　일본시장의 저가격화 경쟁으로 인하여 제품 가격이 낮아지는 대신 전체 판매량이 점증하고 있는 추세며, 2010년의 시판용으로 유통된 김치는 53,500백만 엔으로 72.5%의 비중을 차지하며, 2009년에는 50,700백만 엔으로 71.2%를 차지하였다. 시판용으로 유통되는 김치 비중은 점증하는 추세이며 업무용으로 유통되는 김치의 비중은 점감하고 있는 추세이다.

표 2-6. 용도별 김치 판매 동향(2009~2011)   단위: 백만 엔, %

구분	2009년		2010년		2011년(예상)	
	판매액	구성비	판매액	구성비	판매액	구성비
시판용	50,700	71.2	53,500	72.5	54,400	73.1
업무용	20,500	28.8	20,300	27.5	20,000	26.9
합 계	71,200	100.0	73,800	100.0	74,400	100.0

자료: 식품마케팅편람 각 연도, ㈜후지경제.

3) 시판용 채널별 판매 동향

양판점(대형소매점)에서 판매되는 김치는 넓은 매장 판매대를 활용하고 있어 여러 업체의 제품을 한자리에 진열하는 것이 가능하다는 높은 장점을 가지고 있다. 때문에 김치제품은 75% 이상이 양판점(대형소매점)을 통해 유통되고 있다. 이와 반대로 CVS(편의점)의 경우 판매대가 협소하기 때문에 많은 제품이 한자리에 모이기 쉽지 않으며 소포장 제품이 선호되고 있기 때문에 높은 비중을 차지하고 있지 않은 것으로 나타났다.

표 2-7. 시판용 채널별 판매 동향(2008~2011)　　　　　　　　　　　　　　　　단위: 백만 엔, %

채널 \ 연도	2008		2009		2010		2011(예상)	
	판매액	점유율	판매액	점유율	판매액	점유율	판매액	점유율
양판점	36,500	75.6	38,600	76.1	40,700	76.7	42,000	77.2
CVS	4,700	9.7	4,800	9.5	4,900	9.2	4,800	8.8
기타	7,100	14.7	7,300	14.4	7,500	14.1	7,600	14.0
합계	48,300	100.0	50,700	100.0	53,100	100.0	54,400	100.0

자료: 식품마케팅편람 각 연도, ㈜후지경제.

전체 유통채널의 약 15% 정도를 차지하고 있는 기타의 분류에는 디럭스토어와 디스카운트스토어 등에서 유통되는 제품을 말하며, 보통 저가 상품들이 유통되고 있기 때문에 김치 또한 많은 제품이 취급되고 있지 않다.

2011

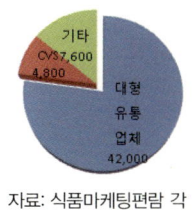

자료: 식품마케팅편람 각 연도, ㈜후지경제.

그림 2-9. 용도별 판매 동향(2011)

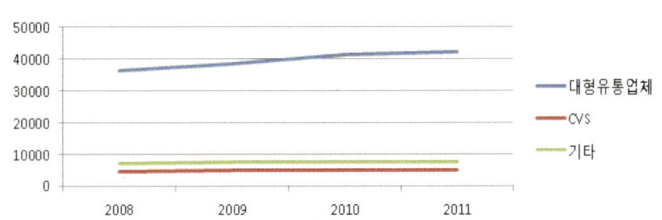

그림 2-10. 용도별 판매 동향 추이(2008~2011)

4) 패키지 동향

김치는 쓰케모노에 비해 봉투를 사용하는 비중이 높지 않다. 플라스틱 통의 경우 수입제품을 중심으로 사용되고 있으며, 일본산 제품은 몇몇 제품을 제외하고 플라스틱 통이나 투명트레이 포장으로 유통되고 있다. 플라스틱 통은

2008년에는 20,000백만 엔으로 29.0%의 비중을 차지하였으나 2010년까지 지속적으로 점감하고 있는 추세이다. 반대로 투명트레이의 경우 2008년에는 14,500백만 엔으로 전체 유통금액의 21.0%를 차지하였으나 빠른 속도로 성장하여 2010년에는 플라스틱 통을 앞질렀다. 플라스틱 통과 투명트레이의 2010년도 유통금액은 각각 20,000백만 엔, 20,400백만 엔으로 나타났으며 비중은 27.2%, 27.8%로 나타났다. 컵 형태로 포장된 제품은 2008년에는 11,000백만 엔으로 16.0%를 차지하였으나, 2010년에는 14,300백만 엔으로 19.5%로 나타났다.

표 2-8. 패키지 동향(2008~2011)   단위: 백만 엔

패키징	2008년		2009년		2010년		2011년	
	판매액	구성비	판매액	구성비	판매액	구성비	판매액	구성비
플라스틱 통	20,000	29.0	20,300	28.5	20,000	27.2		
투명트레이	14,500	21.0	17,500	24.6	20,400	27.8	56,200	75.5
컵	23,400	34.0	14,500	20.4	14,300	19.5		
봉투, 기타	11,000	16.0	18,900	26.5	18,800	25.6	18,200	24.5
합　계	68,900	100.0	71,200	100.0	73,500	100.0	74,400	100.0

주: 2011년도에는 포장 형태의 구분이 변경되어 플라스틱 용기, 기타로 분류됨.
자료: 식품마케팅편람 각 연도, ㈜후지경제.

2011년도에는 포장형태의 구분이 변경되어 기존의 분류인 플라스틱 통, 투명트레이, 컵, 봉투 및 기타에서 플라스틱용기, 기타로 분류되었다. 플라스틱 용기에는 플라스틱 통과 투명트레이, 컵 등을 포함하고 있으며 최근에는 소포장제품으로 소비자들이 가정에서 쉽게 먹을 수 있도록 만든 제품이 늘어나고 있는 추세이다.

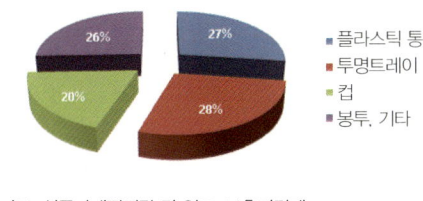

■ 플라스틱 통
■ 투명트레이
■ 컵
■ 봉투, 기타

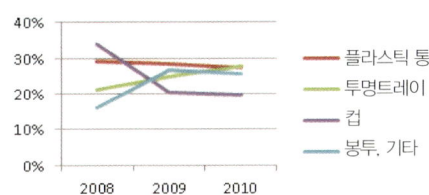

— 플라스틱 통
— 투명트레이
— 컵
— 봉투, 기타

자료: 식품마케팅편람 각 연도, ㈜후지경제.

그림 2-11. 패키지 사용 비율(2010)　　　　그림 2-12. 패키지 변화 추이(2008~2010)

　　　　과거 한국산의 김치 포장용기는 수출을 용이하게 하기 위
하여 400g으로 보편화되어 있었으나, 일본은 250g, 500g,
700g 등으로 구성되어 있었다. 현재 포장용기는 일본의
핵가족화의 계속적인 진행으로, 잔반이 발생되는 대용량
제품이 줄어들고 있는 추세이며 과거에 존재했던 500g,
700g의 포장용기는 도쿄에서는 찾아볼 수 없었다. 한국산
수입제품의 포장용기는 400g 용기가 30% 이상을 차지하고
있긴 하지만 80g, 120g, 210g, 280g, 300g, 350g 등으로
과거와 다르게 다양하게 나타나고 있다.

표 2-9. 원산국별 김치 포장용기 현황

내용량(g)	한국산	일본산	계	구성비
80	3	–	3	6.4
100	–	1	1	2.1
120	1	–	1	2.1
150	–	2	2	4.3
170	–	1	1	2.1
180	–	1	1	2.1
200	–	5	5	10.6
210	1	–	1	2.1

250	–	4	4	8.5
280	1	–	1	2.1
300	1	6	7	14.9
320	–	4	4	8.5
350	2	1	3	6.4
380	–	2	2	4.3
400	4	5	9	19.1
450	1	1	2	4.3
합계	14	33	47	100.0

주: 조사지역이 도쿄로 한정되어 일본 전체 지역을 나타내고 있지는 못함.
자료: 세계김치연구소 자체 조사, 2012.8.

도쿄 지역에서 판매되고 있는 김치의 1g당 평균단가는 1.54엔이며, 한국산의 경우 1.75엔으로 일본산에 비해 0.3엔 정도 높게 나타났다.

포장용기 형태의 경우에 일본산은 얇은 사각형 트레이 용기로서 기존의 용기보다 높이를 낮추고 폭을 넓혀 실제보다 많아 보이도록 용기를 개선하였으며, PET병보다는 신선해 보일 수 있는 트레이 용기가 많이 사용되고 있다. 이와 다르게 한국산 수입제품의 경우, 수출 중 용기 파손을 줄이기 위하여 재질이 두꺼운 플라스틱 원형 PET병을 사용하고 있어서 실제보다 용량이 적게 보일 수 있는 단점이 있다.

수출 확대를 위하여 주장되어온 포장용기 다양화는 과거에 비해 다양한 용기 개발을 통해 실현되기는 했지만 2009년 이후 위축된 소비심리를 자극하기 위해서는 용량이 많아 보일 수 있도록 용기를 개선할 필요가 있다.

2. 업체별 시장점유율 현황

　김치는 쓰케모노보다는 지방색이 약하긴 하지만 지역별로 생산되는 제품이 많기 때문에 전국적으로 높은 시장점유율을 갖기 어렵다. 이 중 가장 높은 시장점유율을 차지하고 있는 도카이쓰케모노(東海漬物)는 2006년 3,500백만 엔으로 5.4%의 점유율을 차지하였으며 지속적인 성장으로 2011년에는 10,300백만 엔으로 13.8%를 차지할 것으로 예측되었다. 도카이쓰케모노(東海漬物)는 "고쿠우마" 김치 제품으로 톱브랜드의 입지를 다지고 있다.

　그 뒤를 따르는 업체는 2011년 11.4%의 시장점유율을 차지할 것으로 예측되는 미야마(美山)이며, 2006년에는 도카이쓰케모노(東海漬物)과 비슷한 3,400백만 엔(5.3%)을 판매한 후 2008년 5,100백만 엔(7.4%), 2010년 7,000백만 엔(9.5%), 2011년 8,500백만 엔(11.4%)으로 점증하고 있는 추세이긴 하나 도카이쓰케모노(東海漬物)보다는 증가폭이 낮게 나타났다.

　피클스 코퍼레이션(ピックルスコーポレーション)은 2006년에 1,900백만 엔을 판매하여 2.9%의 시장점유율을 보였다. 2009년 발매한 "고향각 스스무 고우짱의 기무치"의 히트로 시장점유율이 지속적으로 상승하고 있는 추세이며 2011년에는 5,000백만 엔이 판매될 것으로 예측된다.

표 2-10. 업체별 매출액 및 점유율 현황(2008~2011)　　　　　　　　　　　단위: 백만 엔, %

구분	2008		2009		2010		2011(예측)	
	판매액	점유율	판매액	점유율	판매액	점유율	판매액	점유율
도카이쓰케모노(東海漬物)	5,500	8.0	9,000	12.6	9,700	13.1	10,300	13.8
미야마(美山)	5,100	7.4	6,000	8.4	7,000	9.5	8,500	11.4
피클스 코퍼레이션(ピックルスコーポレーション)	3,100	4.5	3500	4.9	4,800	6.5	5,000	6.7
빈고쓰케모노(備後漬物)	5,000	7.3	5000	7.0	4,800	6.5	4,500	6.0
푸드레벨	2,600	3.8	3,300	4.6	3,500	4.7	3,300	4.4
아키모토 식품(秋本食品)	3,250	4.7	2,600	3.7	2,650	3.6	2,650	3.6
나카가와 식품	2,200	3.2	2,200	3.1	2,150	2.9	2,100	2.8
대상재팬	–	–	2,030	2.9	2,020	2.7	2,020	2.7
기타	40,150	58.3	37,570	52.8	37,180	50.4	36,030	48.4
합 계	68,900	100.0	71,200	100.0	73,800	100.0	74,400	100.0

자료: 식품마케팅편람 각 연도, ㈜후지경제.

　　한국에서 시장점유율 1위를 차지하고 있는 대상의 "종가집 김치"는 2009년 2,030백만 엔의 매출액을 보이며 시장점유율 2.9%를 차지하였으나, TV광고를 통한 홍보에도 불구하고 한국 내의 이상기후로 인해 일본 내 수출이 제한되어 일본 내 시장점유율은 상승되지 못하고 있다.

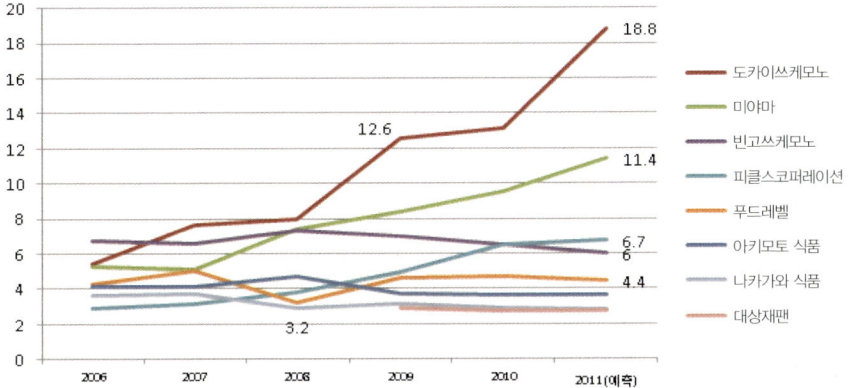

자료: 식품마케팅편람 각 연도, ㈜후지경제.

그림 2-13. 업체별 점유율 변화 추이(2008~2011)

표 2-11. 브랜드별 시장점유율(2008~2011)   단위: 백만 엔, %

브랜드명	업체명	2008		2009		2010		2011(예측)	
		판매액	점유율	판매액	점유율	판매액	점유율	판매액	점유율
고쿠오마	도카이 쓰케모노	5,500	8.0	9,000	12.6	9,700	13.1	10,300	13.8
우각시리즈	푸드레벨	2,000	2.9	3,300	4.6	3,500	4.7	3,300	4.4
고향스스무 시리즈	피클스 코퍼레이션	–	–	2,000	2.8	4,000	5.4	4,400	5.9
와후기무치	빈고쓰케모노 (備後漬物)	1,750	2.5	1,700	2.4	3,000	4.1	3,100	4.2
기타		59,650	86.6	55,200	77.5	53,600	72.6	53,300	71.6
합계		68,900	100.0	71,200	100.0	73,800	100.0	74,400	100.0

자료: 식품마케팅편람 각 연도, ㈜후지경제.

표 2-12. 김치 상품별 판매 현황(2012. 2)

	기업명	상품명	용량(g)	평균 가격	출시연월	판매금액 (천 엔)	점유율 (%)	비고
1	도카이쓰케모노 (東海漬物)	こくうま熟うま辛 キムチ[10](고쿠우마 쥬쿠우마카라김치)	320	290	2000.03	11,030	18.4	
2	미야마(美山)	川越達也 イチオシ キムチ(카와고에타 츠야 이치오시 김치)	200	198	2010.08	8,923	14.9	
3	피클스 코퍼레이 션(ピックルスコ ーポレーション)	ご飯がススム (고항가 스스무)	200	201	2009.10	6,020	10.0	
4	빈고쓰케모노 (備後漬物)	旨えびキムチ カ ップ[11] (우마에비김치 컵)	450	295	2006.07	3,767	6.3	
5	푸드레벨(フード レーベル)	韓国直送キムチ (한국직송김치)	400	358	2003.05	3,713	6.2	한국산
6	북일본푸드(北日 本フード)	슈퍼 고쿠죠(극상) 김치	330	307	2008.07	3,328	5.5	
7	씨지씨 재팬(シジ シージャパン)	한국김치	400	286	2003.11	2,466	4.1	한국산
8	에바라CJ후렛츠 푸드(エバラCJフ レッシュフーズ)	오이시이(맛있는) 김치	300	302	2011.08	2,330	3.9	한국산
9	도카이쓰케모노 (東海漬物)	푸치 고쿠우마김 치 2식팩	100	188	2005.02	2,258	3.8	
10	도카이쓰케모노 (東海漬物)	고무우마쥬쿠우마 카라김치	200	244	2000.05	2,175	3.6	
11	도카이쓰케모노 (東海漬物)	와후(일본풍)김치	650	334	2004.06	2,113	3.5	
12	미야마(美山)	하오하오김치 흑 초 함유	500	217	2004.08	2,075	3.5	
13	미야마(美山)	카와고에타츠야 극 김치 컵	300	305	2011.01	1,553	2.6	한국산
14	아키모토 식품 (秋本食品)	왕도 김치	200	286	2005.08	1,420	2.4	
15	빈고쓰케모노 (備後漬物)	요시노야 배추김치	200	209	2009.08	1,359	2.3	

16	도쿠야마물산 (德山物産)	오이시이 쯔루바 시김치	400	297	2009.07	1,353	2.3	
17	코미사요코 (香味小夜子)	오이시이카 김치	200	219	2009.04	1,136	1.9	
18	푸드레벨 (フードレーベル)	큐카쿠 벳타라de 김치	250	270	2006.06	1,038	1.7	
19	피클스 코퍼레이션(ピックルスコーポレーション)	고항가 스스무 카라구치(매운맛)	200	203	2010.04	1,016	1.7	
20	산키(三輝)	배추김치 대	400	328	2002.04	933	1.6	한국산

자료: 식량신문사 제공, (재)유통시스템개발센터 POS데이터, 2012.2.
주: 본 자료는 일본 전국에 분포되어 있는 436개 점포의 일부 POS데이터를 집계한 것으로 일본 전 지역의 총 판매량은 아님. 따라서 금액별 점유율에 나타난 1위 상품이 실제로 전국의 1위 판매 상품과 차이가 있을 수 있음.

10 매우 맛있게 숙성되어 맛있는 매운 김치
11 맛있는 새우김치

제 3 절

소비자 트렌드
-소비자 설문조사 2011-

---

1. 조사 설계

일본에 거주하고 있는 20세 이상, 60세 미만의 소비자 중 김치를 주로 구입하거나 김치에 대한 의견을 반영할 수 있는 김치 인지자를 대상으로 조사되었다. 조사는 온라인을 통하여 2011년 10~11월까지 조사되었으며 도쿄·오사카 지역의 소비자로 각각 500명씩 조사하였다.

표 2-13. 조사 설계

조사대상자	- 20세 이상 60세 미만의 김치 인지자
조사 방법	- On-line Survey
표본 크기	- 도쿄, 오사카 각각 500명
실사 기간	- 2011년 10월~11월

2. 응답자 특성

　이번 조사는 20세 이상 60세 미만의 일본 성인 소비자 1,000명을 대상으로 실시하였다. 응답자의 성별 분포는 남성·여성이 각각 50%, 거주지 분포도 도쿄·오사카가 각각 50%를 차지하였다. 결혼 상태는 기혼자가 54.2%, 미혼자가 45.8%이었다. 응답자의 연령 분포를 보면, 20~29세가 21.6%, 30~39세가 27.4%, 40~49세가 26.4%, 50~59세가 24.6%이었다.

　응답자의 학력 분포를 보면, 중졸 이하가 2.1%, 고졸이 30.4%, 대학교 재학·졸업이 60.6%, 대학원 재학·졸업이 6.9%이었다.

　응답자의 직업 분포를 보면, 간부·임원직이 3.2%, 전문직이 5.9%, 영업·마케팅이 8.8%, 사무보조(비서)가 17.6%, 육체노동자·인부가 6.9%, 선생님·교육자가 2.5%, 개인사업자가 11.6%, 전업주부가 18.3%, 사무직이 13.4%, 학생이 3.4%, 무직·퇴직·임시휴직자가 5.8%, 기타가 2.6%이었다.

　응답자의 소득 수준을 보면, 월평균 가계소득이 25만 엔 미만이 23.0%, 25만 엔 이상 45만 엔 미만이 35.2%, 45만 엔 이상 65만 엔 미만이 20.8%, 65만 엔 이상 85만 엔 미만이 9.9%, 85만 엔 이상이 11.1%이었다. 응답자의 동거 가족 수를 보면, 1인이 18.1%, 2인이 23.3%, 3인이 26.1%, 4인이 22.9%, 5인 이상이 9.6%이었다.

3. 조사결과 분석

■ 애용하는 절임류의 섭취 빈도

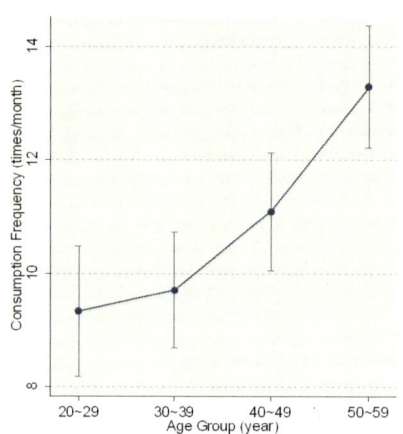

그림 2-14. 애용하는 절임류의 섭취 빈도
(연령대별, 회/월)

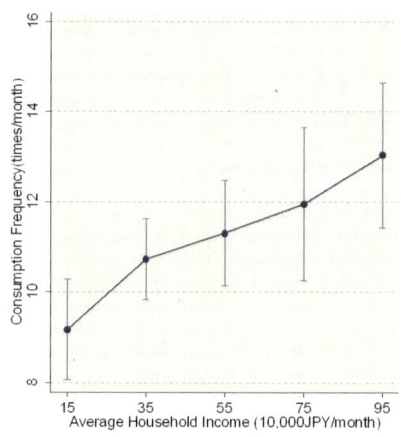

그림 2-15. 애용하는 절임류의 섭취 빈도
(가계 수입별, 회/월)

연령별로 애용하는 절임류(응답자 임의 선택)[12]의 섭취 빈도를 보면, 20대가 9.1회/월, 30대는 9.6회/월, 40대는 11.1회/월, 50대는 13.5회/월로 나타나, 일본국의 도쿄 및 오사카에 거주하는 소비자들은 연령이 높을수록 채소절임 식품을 더 자주 섭취한다고 할 수 있다.

월평균 가계 수입별로 애용하는 절임류의 섭취빈도를 보면, "15만 엔 그룹"은 9.0회/월, "35만 엔 그룹"은 10.6회/월, "55만 엔 그룹"은 11.3회/월, "75만 엔 그룹"은 12.5회/월, "95만 엔 그룹"은 13.5회/월로서, 월평균 가계 수입이

높은 소비자일수록 채소절임식품을 더 자주 섭취한다고 할
수 있다.[13]

■ 김치의 섭취 빈도

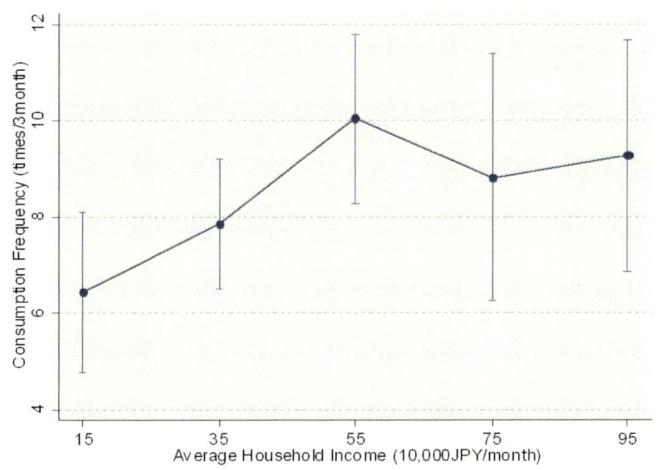

그림 2-16. 김치의 섭취 빈도(가계 수입별, 회/3월)

월평균 가계 수입별 김치의 섭취 빈도를 보면, 월평균 가
계 수입이 55만 엔인 그룹이 가장 높았고 15만 엔인 그룹
이 가장 낮았다. 각 월평균 가계 수입 그룹의 평균 섭취빈
도를 보면, "15만 엔 그룹"은 6.4회/3월, "35만 엔 그룹"은
7.8회/3월, "55만 엔 그룹"은 10.0회/3월, "75만 엔 그룹"
은 8.8회/3월, "95만 엔 그룹"은 9.3회/3월로 나타났다. 월

12   "최근 1년 동안 주로 이용하셨던 음식(채소절임식품)을 1가지만 선택해주세요"라는 질
      문에 대해 총 1,000명이 응답하였고, 선택 비율을 보면 누카즈케(糠漬け: 쌀겨절임)가
      12.2%, 시오쓰케(塩漬け)가 15.1%, 우메보시(梅干: 매실절임)가 45.0%, 미소쓰케(味噌漬
      け)가 3.0%, 다쿠앙(沢庵)이 24.7%를 차지한 것으로 나타났다.

평균 가계 수입이 55만 엔으로 증가할 때까지 섭취 빈도가 높아진다고 할 수 있으나, 그 이상의 수입 그룹에서는 섭취 빈도가 정체하거나 낮아지는 것을 알 수 있었다.

■ 애용하는 절임류와 함께 섭취하는 음식

표 2-14. 애용하는 절임류와 함께 섭취하는 음식(복수 응답, 누계)   단위: 명

구분	응답수	술	간식	밥	면	빵	생선	육류	하나의 요리	스시
합계	1,425	169	66	954	71	6	75	19	16	49
(%)	(100.0)	(11.9)	(4.6)	(66.9)	(5.0)	(0.4)	(5.3)	(1.3)	(1.1)	(3.4)

(N=1,000)

애용하는 절임류와 함께 섭취하는 음식을 질문한 결과(복수 응답), 총 1,000명의 응답자 가운데 애용하는 절임류는 밥과 함께 섭취한다는 응답이 66.9%로 가장 높았으며, 그 다음 순위로 술, 생선, 면과 함께 섭취한다고 응답하였다. 일본은 한국과 식생활이 비슷하여 흰쌀을 섭취할 때 채소 절임식품을 반찬으로 섭취하고 있으며 술안주로도 사용하고 있는 것으로 보인다.

이 질문에 대해서는 복수(1개 또는 그 이상)의 응답을 허용하였으므로 실제 응답의 조합별 분포를 보면 애용하는 절임류와 밥만을 함께 섭취하는 응답자가 69.7%, 애용하는 절임류를 술 및 밥과 함께 섭취하는 응답자가 8.4%, 애용

---

13   월평균 가계 수입이 15만 엔과 95만 엔인 그룹은 통계적으로 유의한 차이를 나타내고 있다.

하는 절임류를 밥 및 면과 함께 섭취하는 응답자가 2.5%, 애용하는 절임류와 술만을 함께 섭취하는 응답자가 2.2%, 애용하는 절임류를 밥 및 생선과 함께 섭취하는 응답자가 2.1%, 기타가 15.1%로 나타났다.

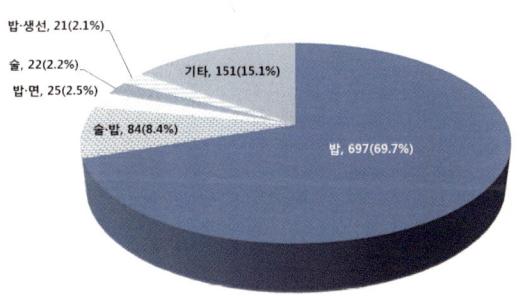

밥·생선, 21(2.1%)
술, 22(2.2%)
밥·면, 25(2.5%)
기타, 151(15.1%)
술·밥, 84(8.4%)
밥, 697(69.7%)

그림 2-17. 애용하는 절임류와 함께 섭취하는 음식(복수 응답)

■ 김치와 함께 섭취하는 음식

김치와 함께 섭취하는 음식을 질문한 결과(복수 응답), "김치를 먹어 본 경험이 있다"고 응답한 총 977명의 응답자 가운데 김치를 밥과 함께 섭취한다는 응답이 57.6%, 술과 함께 섭취한다는 응답이 21.3%로 나타났다.

표 2-15. 김치와 함께 섭취하는 음식(복수 응답, 누계) 　　　　　　　　　　　　단위: 명, %

구 분	응답 수	술	간식	밥	면	빵	생선	육류	하나의 요리
합 계	1,509	322	56	869	178	8	26	38	12
(%)	(100.0)	(21.3)	(3.7)	(57.6)	(11.8)	(0.5)	(1.7)	(2.5)	(0.8)

(N=977)

이 질문에 대해서는 복수(1개 또는 그 이상)의 응답을 허용하였으므로 실제 응답의 조합별 분포를 보면, 김치와 밥만을 함께 섭취하는 응답자가 51.0%, 김치를 술 및 밥과 함께 섭취하는 응답자가 16.5%, 김치를 밥 및 면과 함께 섭취하는 응답자가 8.2%, 김치와 술만을 함께 섭취하는 응답자가 6.1%, 김치를 술과 밥 및 면과 함께 섭취하는 응답자가 4.9%, 기타가 13.3%로 나타났다.

절임식품과 비교하여 밥과 함께 취식한다는 응답은 낮아졌지만 술, 면, 육류와 함께 취식한다는 응답은 높아져 절임류가 밥, 술에 한정되어 취식되는 것과 달리 김치는 함께 취식하는 음식의 종류가 다양해질 수 있음을 시사한다.

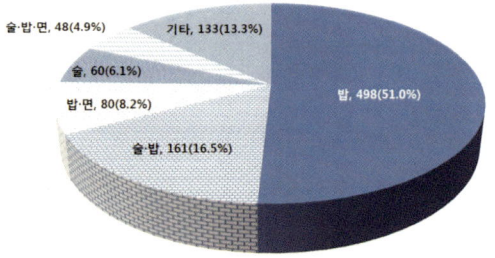

술·밥·면, 48(4.9%) 기타, 133(13.3%)
술, 60(6.1%)
밥·면, 80(8.2%) 밥, 498(51.0%)
술·밥, 161(16.5%)

그림 2-18. 김치와 함께 섭취하는 음식(복수 응답)

■ 애용하는 절임류를 섭취하는 이유

애용하는 절임류를 섭취하는 이유를 질문한 결과, 전체 응답자 1,000명 중 66.2%는 "맛이 좋다"는 이유를 선택하여 가장 높은 비중을 차지하였다. 그다음으로는 "다른 음식과 잘 어울린다"(11.8%), "전통음식이다"(10.0%), "건강에 좋다"(9.7%), 기타(2.3%)이었다. 기타에는 "습관", "좋아해서", "담그는 것이 편해서", "특별한 이유 없다" 등이 있었다.

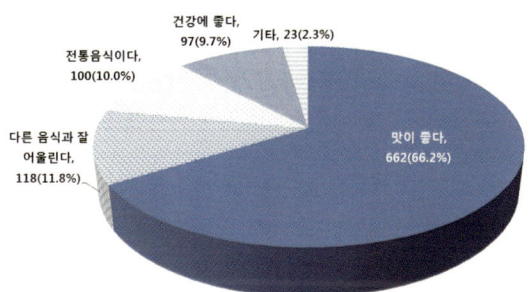

그림 2-19. 애용하는 절임류를 섭취하는 이유

■ 김치를 섭취하는 이유

김치를 섭취하는 이유를 질문한 결과, 전체 응답자 977명 중 67.6%는 "맛이 좋다"는 이유를 선택하여 가장 높은 비중을 차지하였다. 그다음으로는 절임식품과 마찬가지로 "건강에 좋다"(12.5%), "다른 음식과 어울린다"(11.9%), "전통음식이다"(4.1%), 기타(4.0%)이었다. 기타에는 "그냥 있어서", "먹지 않는다", "특별히 없다", "매운 음식이라서", "선물 받아서" 등이 있었다.

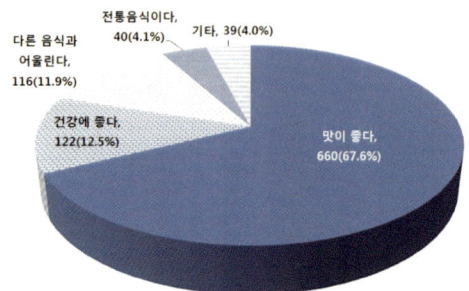

그림 2-20. 김치를 섭취하는 이유

■ 애용하는 절임류의 선호하는 상태

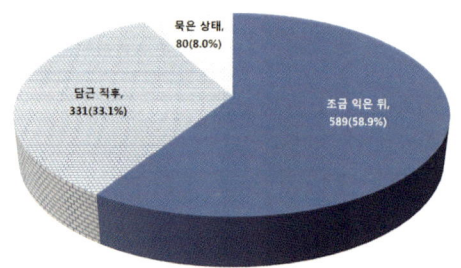

그림 2-21. 애용하는 절임류의 선호하는 상태

애용하는 절임류의 선호하는 상태를 질문한 결과, 전체 응답자 1,000명 중 58.9%는 조금 익은 뒤를 선택하여 가장 높은 비중을 차지하였다. 그다음으로는 담근 직후(33.1%), 묵은 상태(8.0%)이었다. 연령, 거주 지역, 월평균 가계 수입 등의 개인특성변수에 따른 그룹은 애용하는 절임류의 선호하는 상태에 통계적으로 의미 있는 차이(=0.05)가 나타나지 않았다.

■ 김치의 선호하는 상태

김치의 선호하는 상태를 질문한 결과, 김치 취식 응답
자 977명 중 59.2%는 익은 김치를 선택하여 가장 높은 비
중을 차지하였다. 그다음으로는 생김치(30.9%), 묵은 김치
(9.9%)이었다.

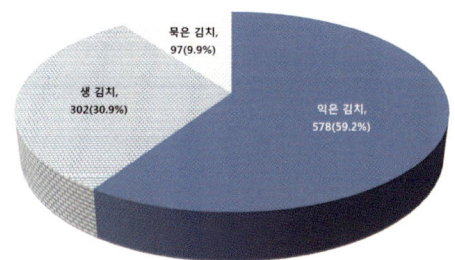

그림 2–22. 김치의 선호하는 상태

■ 김치의 맛에 대한 선호도

김치의 맛 요소별로 선호하는 정도를 5점 척도로 질문하
였다. 각각의 맛 요소에 대한 평균 선호도("모르겠다"라고
응답한 수는 제외)는 젓갈 맛 2.4(N=805), 어패류와 마늘,
생강 등의 기타 양념 맛 2.8(N=826), 짠맛 2.5(N=930), 신
맛 2.6(N=931), 단맛 2.7(N=908), 매운맛 3.3(N=947)으로
나타났다.

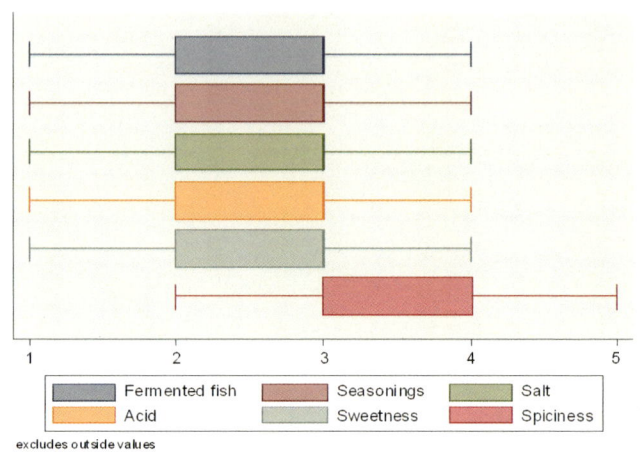

그림 2-23. 김치의 맛에 대한 선호도(전체)

응답자 특성별로 김치의 맛 요소에 대한 선호도에 차이가 있는가를 분석해 본 결과, 젓갈 맛에 대해 거주 지역에 따라 통계적으로 의미 있는 차이(=0.05)가 나타났다. 응답자의 거주 지역에 따른 젓갈 맛에 대한 선호도의 평균은 도쿄가 2.5, 오사카가 2.3으로 도쿄에 사는 응답자들이 젓갈 맛을 더 선호하는 것으로 나타났다.

김치의 기타 양념 맛(어패류 · 마늘 · 생강 등)에 대해서는 직업별로 선호도에 차이가 나타났다. 간부 · 임원직(CEO) 응답자들은 기타 양념 맛에 대해 평균 3.2의 선호도를 나타내었다. 이것은 개인 사업자(2.7)와 전업주부(2.6) 및 무직 · 퇴직 · 임시휴직자(2.7) 등의 그룹과 통계적으로 의미 있는 차이(=0.05)가 있는 것으로 나타났다. 즉, 간부 · 임원직(CEO) 응답자들은 개인사업자, 전업주부, 무직 · 퇴직 · 임시휴직자인 응답자에 비하여 김치의 "기타 양념 맛"을 더 선호하는 것으로 나타났다.

변호사·의사 등의 전문직 응답자들은 기타 양념 맛에 대해 평균 3.0의 선호도를 나타내었다. 이것은 전업주부(2.6)와 통계적으로 의미 있는 차이가 있는 것으로 나타나 전문직 응답자가 전업주부에 비하여 "기타 양념 맛"을 더 선호하는 것으로 나타났다. 영업·마케팅을 하는 응답자들은 평균 2.8의 선호도를 나타내었다. 이것은 육체노동자·인부(3.2)와 통계적으로 의미 있는 차이가 있는 것으로 나타나 영업·마케팅을 하는 응답자들이 육체노동자·인부에 비하여 "기타 양념 맛"을 선호하지 않는다고 할 수 있다. 사무보조자 및 비서 등의 응답자들은 기타 양념 맛에 대해 평균 2.8의 선호도를 나타내었다. 이것은 육체노동자·인부(3.2) 및 전업주부(2.6)와 통계적으로 의미 있는 차이가 있는 것으로 나타나 사무보조자 및 비서 등의 응답자들은 육체노동자·인부보다는 "기타 양념 맛"을 선호하지 않고, 전업주부보다는 "기타 양념 맛"을 더 선호하는 것으로 나타났다. 육체노동자·인부인 응답자들은 기타 양념 맛에 대해 평균 3.2의 선호도를 나타내었다.

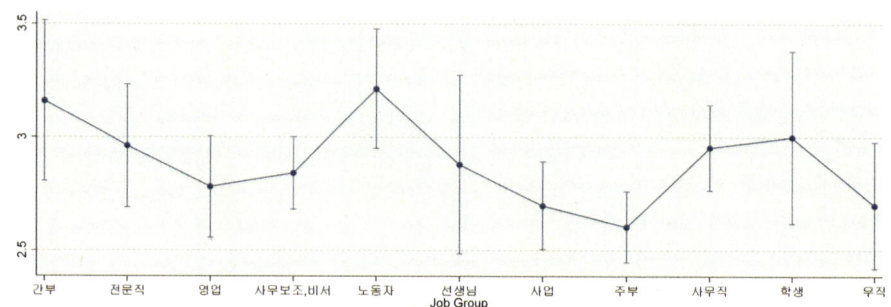

이것은 개인사업자(2.7), 전업주부(2.6) 및 무직 · 퇴직 · 임시휴직자(2.7)와 통계적으로 의미 있는 차이가 있는 것으로 나타나 육체노동자 · 인부들이 개인사업자, 전업주부 및 무직 · 퇴직 · 임시휴직자보다 "기타 양념 맛"에 더 강한 선호도를 가지고 있다고 할 수 있다. 전업주부들은 기타 양념 맛에 대해 평균 2.6의 선호도를 나타내었다. 이것은 사무직(3.0)과 통계적으로 의미 있는 차이가 있는 것으로 나타나 전업주부가 사무직보다 "기타 양념 맛"을 선호하지 않는다고 할 수 있다.

■ 애용하는 절임류의 구입처

애용하는 절임류의 구입처에 대해 질문한 결과, 전체 응답자 861명 중 87.8%는 슈퍼(편의점)를 선택하여 가장 높은 비중을 차지하였다. 그다음으로는 백화점이 4.8%, 재래시장이 2.6%, 홈쇼핑이 2.1%, 온라인 쇼핑몰이 2.1%, 대형

할인점이 0.7%를 차지하였다.

애용하는 절임류의 구입처에 대해서는 연령대별로 선호
도에 차이가 나타났다. 슈퍼(편의점)를 애용하는 응답자의
비율이 20 · 30대에서 상대적으로 높았고, 온라인 쇼핑몰,
홈쇼핑, 재래시장 등을 애용하는 응답자의 비율은 40 · 50
대에서 상대적으로 높았다. 연령대별로 본 슈퍼(편의점) 애
용 비율은 20대가 89.1%, 30대가 90.6%, 40대가 87.4%,
그리고 50대가 84.0%이었다.

표 2-16. 애용하는 절임류의 구입처

구 분	백화점	슈퍼(편의점)	대형 할인점	재래시장	홈쇼핑	온라인 쇼핑몰	합 계
합 계	41	756	6	22	18	18	861
(%)	(4.8)	(87.8)	(0.7)	(2.6)	(2.1)	(2.1)	(100.0)

■ 〈표 2-16〉의 절임류 구입처에서 구입하는 이유

주로 이용하는 절임류 구입처에서 구입하는 이유에 대
한 질문에 총 861명이 1순위, 2순위, 3순위로 응답하였다.
1순위에서는 46.7%가 "가까운 거리"를 선택하여 가장 큰
비중을 차지하였고, 그다음으로는 "싼 가격"이 24.0%, "좋
은 맛"이 19.4%이었다. 순위를 반영한 응답의 가중평균
을 구해본 결과, "가까운 거리"가 31.8%로 가장 큰 비중을
차지하였고, 그다음으로는 "싼 가격"이 28.2%, "좋은 맛"
이 22.9%, "다양한 종류"가 8.1%, "위생"이 5.0%, 기타가
4.0%를 차지하였다. 기타에는 "배달이 용이하다"(1.2%),
"친절하다"(0.9%), "채소 발효식품에 대한 정보를 얻을 수
있다"(0.5%) 등이 있었다.

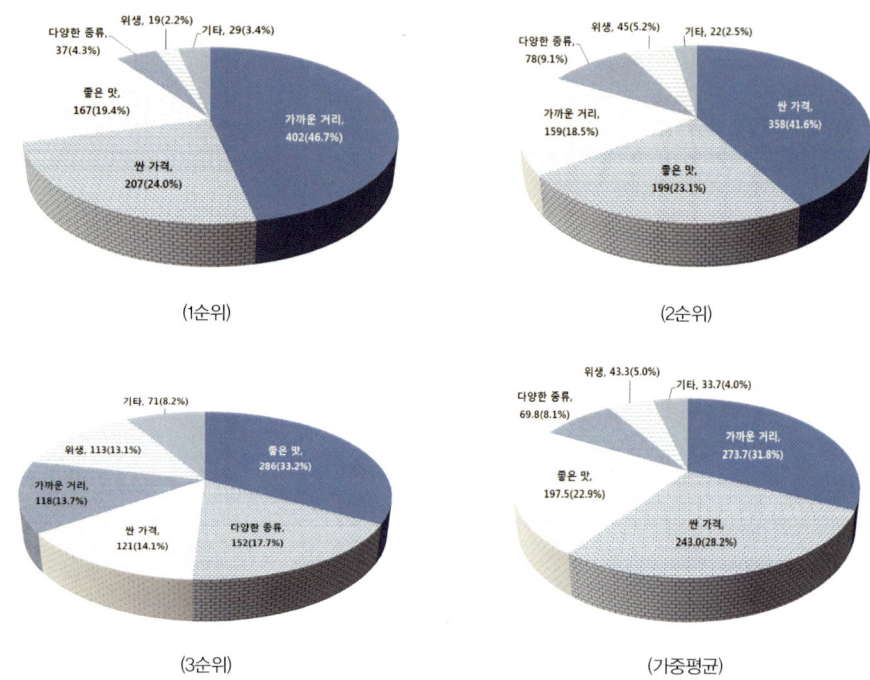

주: 가중평균은 1순위 응답 수에 대해 1/2, 2순위 응답 수에 대해 1/3, 3순위 응답 수에 대해 1/6을 임의로 적용함.

그림 2-25. 〈표 2-16〉의 절임류 구입처에서 구입하는 이유

■ 애용하는 절임류 구입 시 고려하는 사항

애용하는 절임류 구입 시 고려하는 사항에 대한 질문에 총 861명이 가중평균을 구해본 결과, "맛"이 40.4%로 가장 큰 비중을 차지하였고, 그다음으로는 "가격"이 22.2%, "유통기한"이 10.7%, "용량"이 6.5%, "구입 편의성"이 5.5%, 기타가 14.7%를 차지하였다.

기타에는 "유명상표"(3.2%), "함유성분"(3.1%), "제조일자"(2.7%), "제조국가"(1.9%), "위생"(1.5%), "포장 형

태"(1.1%), "주위사람 및 점원의 권유"(0.3%), "인증제도"
(0.1%) 등이 있었다.

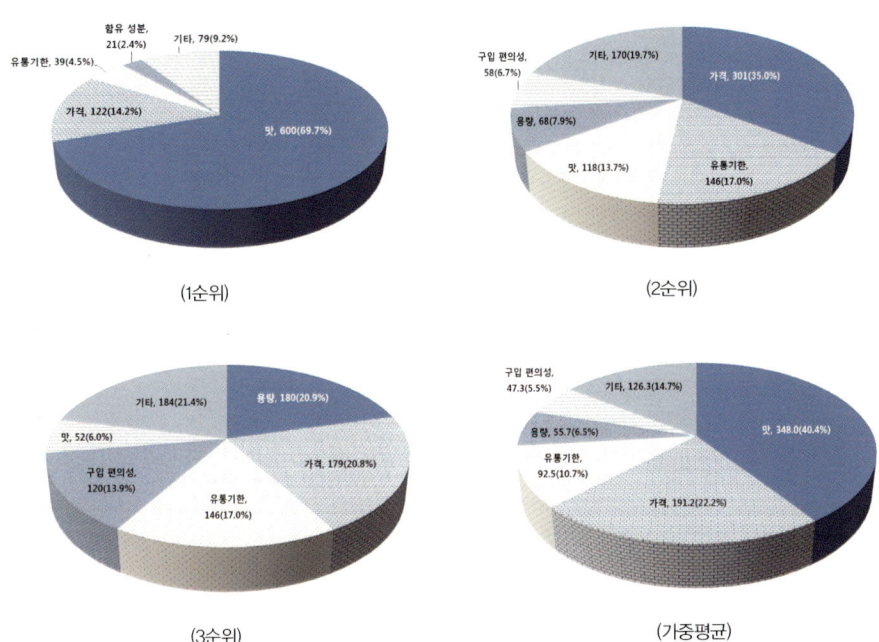

(1순위)

(2순위)

(3순위)

(가중평균)

주: 가중평균은 1순위 응답 수에 대해 1/2, 2순위 응답 수에 대해 1/3, 3순위 응답 수에 대해 1/6을 임의로 적용함.

그림 2-26. 애용하는 절임류 구입 시 고려하는 사항

■ 주로 이용하는 김치 브랜드 제품의 구입처

주로 이용하는 김치 브랜드 제품의 구입처에 대해 질문
한 결과, 전체 응답자 828명 중 87.7%는 슈퍼(편의점)를 선
택하여 가장 높은 비중을 차지하였다. 그다음으로는 백화
점이 5.1%, 재래시장이 3.7%, 대형 할인점이 2.4%, 온라인
쇼핑몰이 0.7%, 홈쇼핑이 0.4%를 차지하였다.

주로 이용하는 김치 브랜드 제품의 구입처에 대해서는 성별과 지역별로 선호도에 차이가 나타났다. 슈퍼(편의점)를 애용하는 응답자의 비율은 여성이 상대적으로 높았고, 대형할인점, 재래시장 등을 애용하는 응답자의 비율은 남성이 상대적으로 높았다. 또한 도쿄에 사는 "슈퍼(편의점)"를 선택한 응답자의 비율이 오사카에 사는 응답자보다 많았다. 성별로 본 "슈퍼(편의점)" 애용 비율은 여성이 88.7%, 그리고 남성이 86.5%이었고, 거주지역별로 본 "슈퍼(편의점)" 애용 비율은 도쿄에 사는 응답자가 88.9%, 오사카에 사는 응답자가 86.4%이었다.

표 2-17. 주로 이용하는 김치 브랜드 제품의 구입처

구 분	백화점	슈퍼(편의점)	대형할인점	재래시장	홈쇼핑	온라인 쇼핑몰	합 계
합 계	42	726	20	31	3	6	828
(%)	(5.1)	(87.7)	(2.4)	(3.7)	(0.4)	(0.7)	(100.0)

■ 〈표 2-17〉의 김치 구입처에서 구입하는 이유

주로 이용하는 김치 구입처에서 구입하는 이유에 대한 질문에 총 828명이 1순위, 2순위, 3순위로 응답하였다. 1순위에서는 44.7%가 "가까운 거리"를 선택하여 가장 큰 비중을 차지하였고, 그다음으로는 "싼 가격"이 24.2%, "좋은 맛"이 15.9%이었다. 2순위에서는 34.4%가 "싼 가격"을 선택하여 가장 큰 비중을 차지하였다. 가중평균을 구해 본 결과, "가까운 거리"가 30.8%로 가장 큰 비중을 차지하였고, 그다음으로는 "싼 가격"이 26.4%, "좋은 맛"이 19.4%,

"다양한 종류"가 11.4%, "위생"이 6.8%, 기타가 5.2%를 차지하였다. 기타에는 "친절하다"(2.1%), "채소 발효식품에 대한 정보를 얻을 수 있다"(1.5%), "배달이 용이하다"(0.8%) 등이 있었다.

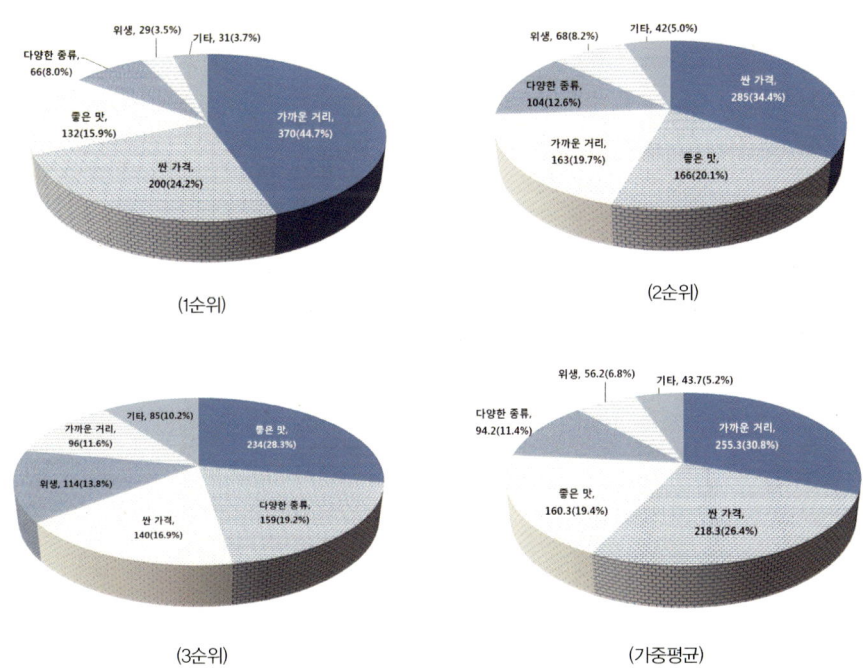

(1순위)

(2순위)

(3순위)

(가중평균)

주: 가중평균은 1순위 응답 수에 대해 1/2, 2순위 응답 수에 대해 1/3, 3순위 응답 수에 대해 1/6을 임의로 적용함.

그림 2-27. 〈표 2-17〉의 김치 구입처에서 구입하는 이유

■ 김치 구입 시 고려하는 사항

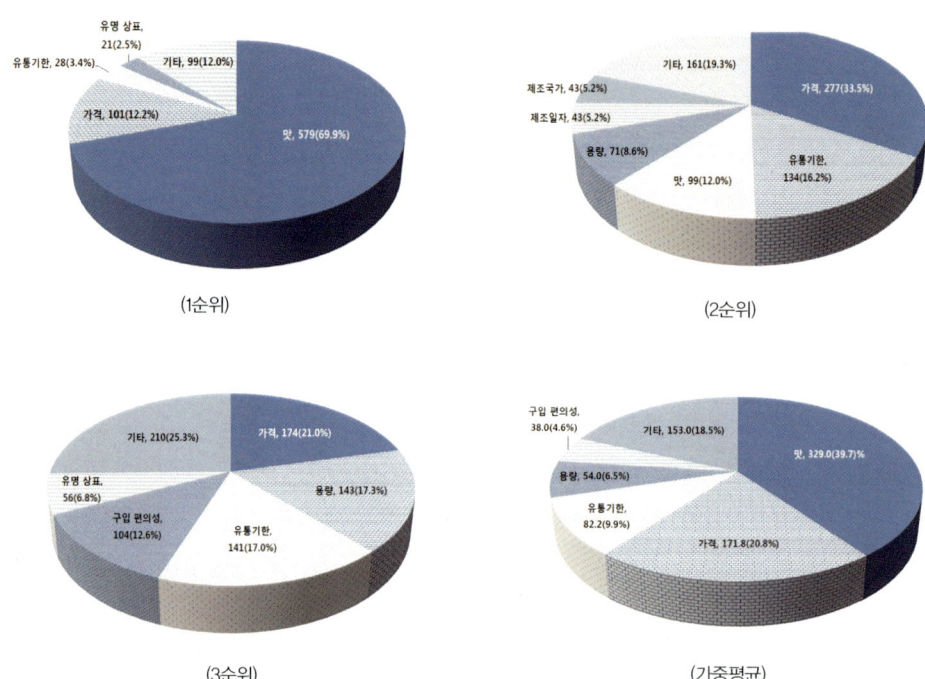

(1순위)

(2순위)

(3순위)

(가중평균)

주: 가중평균은 1순위 응답 수에 대해 1/2, 2순위 응답 수에 대해 1/3, 3순위 응답 수에 대해 1/6을 임의로 적용함.

그림 2-28. 김치 구입 시 고려하는 사항

    김치 구입 시 고려하는 사항에 대한 질문에 총 828명이 1순위, 2순위, 3순위로 응답하였다. 1순위에서는 69.9%가 "맛"을 선택하여 가장 큰 비중을 차지하였고, 그다음으로는 "가격"이 12.2%, "유통기한"이 3.4%이었다. 2순위에서는 33.5%가 "가격"을 선택하여 가장 큰 비중을 차지하였다. 가중평균을 구해본 결과, "맛"이 39.7%로 가장 큰 비중을 차지하였고, 그다음으로는 "가격"이 20.8%, "유통기한"이 9.9%, "용량"이 6.5%, "구입 편의성"이 4.6%, 기타가 18.5%를 차지하였다. 기타에는 "유명상표"(3.9%), "제조국가"(3.2%), "제조일자"(3.1%), "위생"(2.9%), "함유성분"(2.1%), "포장 형태"(1.5%), "주위사람 · 점원의 권유"(1.0%), "인증제도"(0.1%) 등이 있었다.

■ 애용하는 절임류의 섭취 방법

애용하는 절임류의 섭취 방법에 대해 질문한 결과, 전체 응답자 1,000명 중 "절임류를 구입해서 먹는다"는 응답이 86.1%로 "조리해서 먹는다"(13.9%)는 응답보다 많은 비중을 차지하고 있는 것으로 나타났다.

표 2-18. 애용하는 절임류의 섭취 방법   단위: 명, %

구 분	구입해서 먹는다	조리해서 먹는다	합 계
합 계	861	139	1,000
(%)	(86.1)	(13.9)	(100.0)

■ 애용하는 절임류를 직접 조리하는 이유

애용하는 절임류를 직접 조리하는 이유에 대해 질문한 결과, 전체 응답자 139명 중 56.1%는 "맛이 좋다"를 선택하여 가장 높은 비중을 차지하였다. 그다음으로는 "비용 부담이 크지 않다"가 29.5%, "위생 상태가 좋다"가 7.2%, "화학조미료를 피할 수 있다"가 2.2%, 기타가 5.0%를 차지하였다. 기타에는 "집에서 얻는 야채를 사용해서", "만드는 것을 좋

아해서", "싱싱한 채소를 먹기 위해", "어쩔 수 없이", "담백
하게 조리하기 위해" 등이 있었다.

표 2-19. 애용하는 절임류를 직접 조리하는 이유　　　　　　　　　　　단위: 명, %

구 분	맛이 좋음	위생 상태가 좋음	비용 부담이 크지 않음	화학조미료를 피할 수 있음	기 타	합 계
합 계	78	10	41	3	7	139
(%)	(56.1)	(7.2)	(29.5)	(2.2)	(5.0)	(100.0)

■ 직접 조리 시 불편한 사항

　애용하는 절임류를 직접 조리 시 불편한 사항에 대해 질
문한 결과, 전체 응답자 139명 중 35.3%는 "시간이 많이 소
요된다"를 선택하여 가장 높은 비중을 차지하였다. 그다음
으로는 "보관이 불편하다"가 23.7%, "번거롭고 귀찮다"가
14.4%, "재료 구입이 불편하다"가 7.9%, 기타가 18.7%를
차지하였다. 기타에는 "없다", "시간이 맞지 않는다", "맛이
일정하지 않다", "혼합하는 것이 귀찮다" 등이 있었다.

표 2-20. 직접 조리 시 불편한 사항　　　　　　　　　　　　　　　　단위: 명, %

구 분	시간이 많이 소요	번거롭고 귀찮음	재료 구입 불편	보관 불편	기 타	합 계
합 계	49	20	11	33	26	139
(%)	(35.3)	(14.4)	(7.9)	(23.7)	(18.7)	(100.0)

■ 김치를 알게 된 경로

김치를 알게 된 경로를 질문한 결과(복수 응답), 총 1,000
명의 응답자 가운데 "TV · 라디오"를 통해 알게 되었다
는 응답이 32.0%, "신문 · 잡지"가 8.1%, "인터넷 검색"이
4.0%, "음식점 취식"이 14.9%, "해외여행"이 4.9%, "지인
추천"이 27.1%, "판매원 추천"이 4.1%, 기타가 4.8%와 같
이 나타났다. 여기에서 기타에는 "기억나지 않는다", "매
장", "예부터", "고깃집" 등이 있었다.

표 2-21. 김치를 알게 된 경로(복수 응답, 누계)   단위: 명, %

구 분	응답 수	TV, 라디오	신문, 잡지	인터넷 검색	음식점 취식	해외 여행	지인 추천	판매원 추천	기 타
합 계	1,426	457	116	57	212	70	387	59	68
(%)	(100.0)	(32.0)	(8.1)	(4.0)	(14.9)	(4.9)	(27.1)	(4.1)	(4.8)

(N=1,000)

이 질문에 대해서는 복수(1개 또는 그 이상)의 응답을 허
용하였으므로 실제 응답의 조합별 분포를 보면(우측 원
그래프), "지인 추천"으로 김치를 알게 되었다는 응답자
가 25.7%, "TV · 라디오"를 통해 알게 되었다는 응답자
가 25.4%, "음식점 취식"을 통해 알게 되었다는 응답자가
10.7%, "TV · 라디오 및 지인 추천"으로 알게 되었다는 응
답자가 3.8%, "TV · 라디오 및 신문 · 잡지"를 통해 알게 되
었다는 응답자가 3.6%, 기타가 30.8%를 차지하였다.

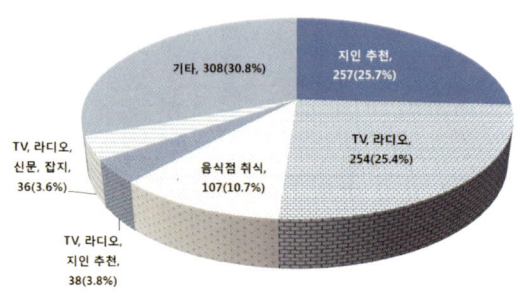

그림 2-29. 김치를 알게 된 경로(복수 응답)

■ 김치 취식 경험

김치를 한 번이라도 먹어 본 경험이 있는가를 질문한 결과, 총 1,000명의 응답자 가운데 977명(97.7%)이 "김치를 먹어 본 경험이 있다"라고 응답하였고 23명(2.3%)만이 "김치를 먹어 본 경험이 없다"라고 응답하였다.

표 2-22. 김치 취식 경험   단위: 명, %

구 분	없다	있다	합 계
합 계	23	977	1,000
(%)	(2.3)	(97.7)	(100.0)

■ 김치를 좋아하는 정도

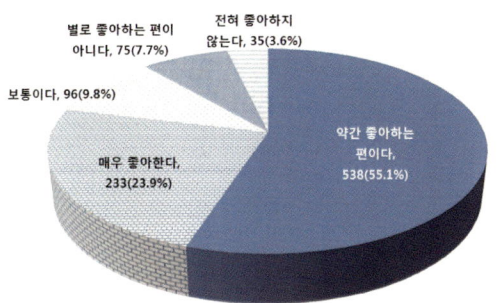

그림 2-30. 김치를 좋아하는 정도

김치를 좋아하는 정도를 5점 척도로 질문한 결과, 총 977
명의 응답자 중에서 55.1%가 "약간 좋아하는 편이다"를 선
택하여 가장 큰 비중을 차지하였다. 그다음으로는 "매우 좋
아한다"가 23.9%를 차지하여 응답자의 79.0%가 김치에 대
하여 긍정적인 생각을 가지고 있는 것으로 나타났다.

응답자 특성별로 김치를 좋아하는 정도에 대한 선호도에
차이가 있는가를 분석해 본 결과, 성별과 결혼 여부에 따라
통계적으로 의미 있는 차이(=0.05)가 나타났다. 응답자의
성별에 따른 김치를 좋아하는 정도에 대한 선호의 평균은
여성이 3.9, 남성이 3.8로 여성이 김치를 더 좋아하는 것으
로 나타났으며, 결혼 여부에 따른 김치를 좋아하는 정도에
대한 선호의 평균은 미혼이 4.0, 기혼이 3.8로 결혼을 하지
않은 응답자가 김치를 더 좋아하는 것으로 나타났다.

1년 동안 주로 구입한 김치 브랜드별로 김치를 좋아하
는 정도에 대해 분석해본 결과, 각 브랜드별 애용자들의 김

치를 좋아하는 정도는 모두 평균(3점) 이상의 높은 수치를 나타내었다. "양반김치"를 이용하는 애용자들의 김치를 좋아하는 정도는 4.1(N=31), "종가집"은 4.0(N=7), "한울"은 4.2(N=6), "농협"은 4.0(N=3), "한성"은 4.6(N=7), "모란봉(モランボン)"은 4.2(N=334), "코우쥬안(香寿庵)"은 4.5(N=17), "아자부다이이치물산(麻布第一物産)"은 4.4(N=10), 브랜드를 모르겠다고 선택한 응답자들은 4.0(N=413)으로 나타났다. "한성" 김치를 주로 구입하여 먹는 응답자들의 선호도는 4.6으로 가장 김치를 좋아하는 것으로 볼 수 있으며, 주로 구입하는 김치의 브랜드를 모르겠다고 선택한 응답자들의 선호도는 4.0으로 김치를 좋아하는 정도가 비교적 낮은 것으로 볼 수 있다.

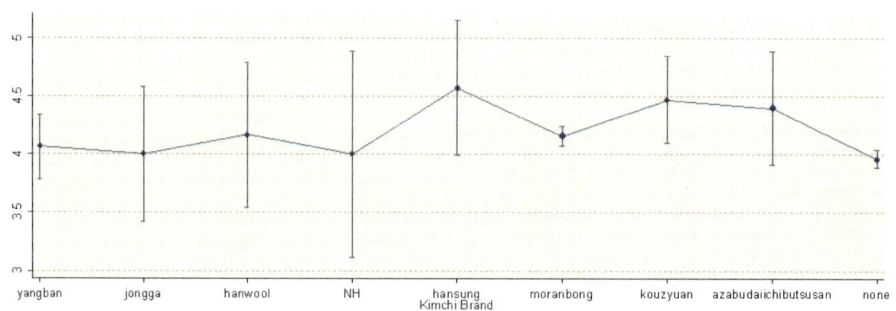

그림 2-31. 김치를 좋아하는 정도(주로 구입한 김치 브랜드별)

■ 김치에 대한 만족도

김치에 대한 만족도를 5점 척도로 질문한 결과, 총 977명의 응답자 중에서 65.3%가 "약간 만족하는 편이다"를 선택하여 가장 큰 비중을 차지하였다. 그다음으로는 "보통이다"
가 16.6%, "매우 만족한다"가 9.0%, "별로 만족하는 편이
아니다"가 5.6%, "전혀 만족하지 않는다"가 3.5%를 차지하
였다.

응답자 특성별로 김치에 대한 만족도에 차이가 있는가를
분석해 본 결과, 성별과 결혼 여부에 따라 통계적으로 의미
있는 차이(=0.05)가 나타났다. 응답자의 성별에 따른 김치
에 대한 만족도의 평균은 여성이 3.8, 남성이 3.6로 여성이
더 김치에 대해 만족하는 것으로 나타났으며, 결혼 여부에
따른 김치에 대한 만족도의 평균은 미혼이 3.8, 기혼이 3.6
로 결혼을 하지 않은 응답자가 더 김치에 대해 더 만족하는
것으로 나타났다.

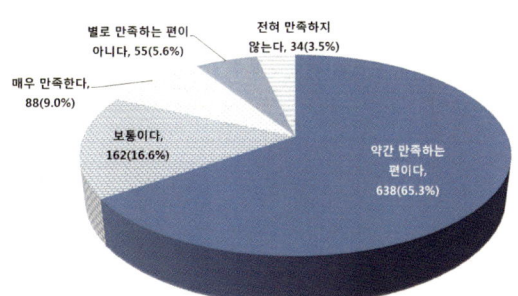

그림 2-32. 김치에 대한 만족도

1년 동안 주로 구입한 김치 브랜드별로 김치에 대한 만
족도를 분석해본 결과, 각 브랜드별 애용자들의 김치에 대
한 만족도는 모두 평균(3점) 이상의 높은 수치를 나타내
었다. 각각의 브랜드별 김치에 대한 만족도의 평균은 "양

반” 3.6(N=31), “종가집” 4.0(N=7), “한울” 3.8(N=6), “농협” 3.7(N=3), “한성” 4.0(N=7), “모란봉(モランボン)” 3.9(N=334), “코우쥬안(香寿庵)” 4.0(N=17), “아자부다이이치물산(麻布第一物産)” 4.2(N=10), 브랜드 모름 3.8(N=413)로 나타났다. “아자부다이이치물산(麻布第一物産)” 김치를 주로 구입하여 먹는 응답자들의 만족도가 4.2로 김치에 대한 만족도가 가장 높다고 볼 수 있다.

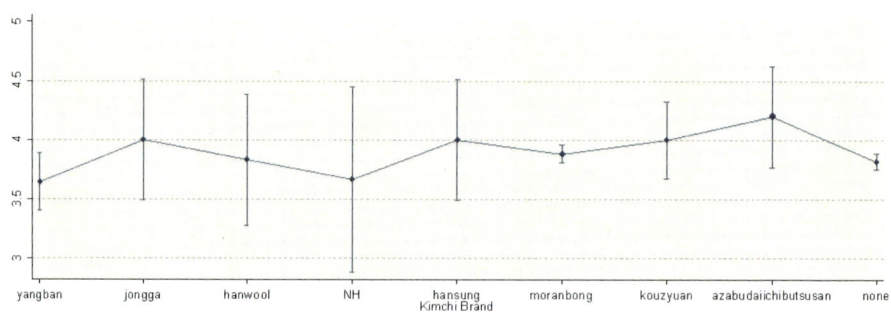

그림 2-33. 김치에 대한 만족도(주로 구입한 김치 브랜드별)

■ 김치에 만족하는 이유

김치에 만족하는 이유를 질문한 결과(복수 응답), 총 726명의 응답자 가운데 “맛이 좋다”는 응답이 54.9%, “건강에 좋다”는 응답이 19.5%, “다른 음식과 잘 어울린다”는 응답이 19.2%로 나타났다. 기타 의견으로는 “맵다”, “맵고 맛이 깊다”, “특별히 없다”, “술에 맞는다” 등이 있었다.

표 2-23. 김치에 만족하는 이유(복수 응답, 누계)　　　　　　　　　　　　단위: 명, %

구 분	응답 수	맛이 좋다	건강에 좋다	다른 음식과 잘 어울린다	가격이 적당하다	기 타
합 계	1,073	589	209	206	65	4
(%)	(100.0)	(54.9)	(19.5)	(19.2)	(6.1)	(0.4)

(N=726)

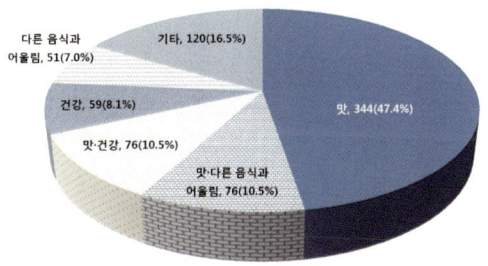

그림 2-34. 김치에 만족하는 이유(복수 응답)

　　이 질문에 대해서는 복수(1개 또는 그 이상)의 응답을 허용하였으므로 실제 응답의 조합별 분포를 보면(우측 원그래프), "맛이 좋다"를 선택한 응답자가 47.4%, "맛이 좋다"와 "다른 음식과 잘 어울린다"를 선택한 응답자가 10.5%, "맛이 좋다"와 "건강에 좋다"를 선택한 응답자가 10.5%, "건강에 좋다"를 선택한 응답자가 8.1%, "다른 음식과 잘 어울린다"를 선택한 응답자가 7.0%, 기타가 16.5%로 나타났다.

　　■ 김치에 만족하지 못하는 이유

　　김치에 만족하지 못하는 이유를 질문한 결과(복수 응답), 총 251명의 응답자 중 "맛(특유의 향)"이 33.0%, "맛(마늘 ·

양파 등 양념)"을 선택한 응답자가 13.0%, "건강(매운맛, 짠맛)"이 15.4%, "건강(알레르기 유발)"이 3.4%, "다른 음식과 어울리지 않음"이 4.3%, "가격이 비쌈"이 14.2%, 기타가 16.7%로 나타났다. 여기에서 기타에는 "신맛", "맵다", "위생", "맛이 없다", "특별히 없다", "한국이 싫어서" 등이 있었다.

표 2-24. 김치에 만족하지 못하는 이유(복수 응답, 누계)   단위: 명, %

구 분	응답 수	맛 (특유의 향)	맛(마늘, 양 파 등 양념)	건강(매운 맛, 짠맛)	건강(알레 르기 유발)	다른 음식과 안 어울림	가격이 비쌈	기 타
합 계	324	107	42	50	11	14	46	54
(%)	(100.0)	(33.0)	(13.0)	(15.4)	(3.4)	(4.3)	(14.2)	(16.7)

(N=251)

이 질문에 대해서는 복수(1개 또는 그 이상)의 응답을 허용하였으므로 실제 응답의 조합별 분포를 보면(우측 원그래프), "맛(특유의 향)"을 선택한 응답자가 27.9%, "가격이 비쌈"을 선택한 응답자가 15.5%, "건강(매운맛, 짠맛)"을 선택한 응답자가 11.2%, "맛(마늘·양파 등 양념)"을 선택한 응답자가 6.0%, 기타가 39.4%로 나타났다.

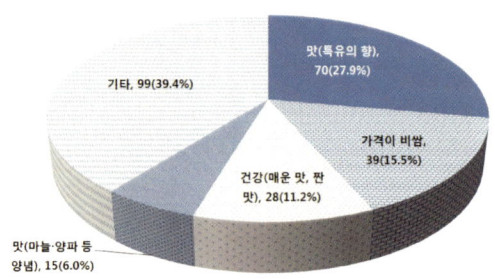

그림 2-35. 김치에 만족하지 못하는 이유(복수 응답)

■ 김치 담그기 및 구입 경험

표 2-25. 김치 담그기 및 구입 경험   단위: 명, %

구 분	김치를 담가 먹은 경험			김치를 구입해 본 경험		
	없다	있다	합계	없다	있다	합계
합 계	925	52	977	149	828	977
(%)	(94.7)	(5.3)	(100.0)	(15.3)	(84.7)	(100.0)

　　김치를 담가 먹은 경험이 있는지를 질문한 결과, 총 977
명의 응답자 가운데 925명(94.7%)이 "김치를 담가 먹은 경
험이 없다"라고 응답하였고, 52명(5.3%)이 "김치를 담가 먹
은 경험이 있다"라고 응답하였다.

　　김치를 직접 구입해 본 경험이 있는지를 질문한 결과, 총
977명의 응답자 가운데 828명(84.7%)이 "김치를 직접 구입
해 본 적이 있다"라고 응답하였고, 149명(15.3%)이 "김치를
직접 구입해 본 적이 없다"라고 응답하였다.

■ 김치를 구입하기 위해 이용하는 정보 채널

　　김치를 구입하기 위해 이용하는 정보 채널에 대해 질
문한 결과(복수 응답), 총 828명의 응답자 가운데 김치
를 구입하기 위하여 "TV · 라디오를 통해 정보를 얻는다"
는 응답이 24.1%, "신문 · 잡지를 통해 정보를 얻는다"는
응답이 7.8%, "인터넷 검색을 통해 정보를 얻는다"는 응
답이 5.0%, "음식점 취식을 통해 정보를 얻는다"는 응답
이 12.5%, "해외여행을 함으로써 정보를 얻는다"는 응답

이 5.0%, "지인의 추천을 통해 정보를 얻는다"는 응답이 26.4%, "판매원의 추천을 통해 정보를 얻는다"는 응답이 11.5%, "기타"가 7.7%를 차지하였다. 여기에서 기타에는 "매장에서 정보를 얻는다", "특별히 없다", "기억나지 않는다", "이유 없다" 등이 있었다.

표 2-26. 김치를 구입하기 위해 이용하는 정보 채널(복수 응답, 누계)   단위: 명, %

구 분	응답 수	TV, 라디오	신문, 잡지	인터넷 검색	음식점 취식	해외여행	지인 추천	판매원 추천	기 타
합 계	1,210	292	94	61	151	60	320	139	93
(%)	(100.0)	(24.1)	(7.8)	(5.0)	(12.5)	(5.0)	(26.4)	(11.5)	(7.7)

(N=828)

이 질문에 대해서는 복수(1개 또는 그 이상)의 응답을 허용하였으므로 실제 응답의 조합별 분포를 보면(우측 원그래프), 김치를 구입하기 위하여 "지인의 추천을 통해 정보를 얻는다"는 응답자가 23.9%, "TV · 라디오를 통해 정보를 얻는다"는 응답자가 18.0%, "판매원의 추천을 통해 정보를 얻는다"는 응답자가 9.1%, "음식점 취식을 통해 정보를 얻는다"는 응답자가 6.9%, "TV · 라디오 · 신문 · 잡지를 통해 정보를 얻는다"는 응답자가 3.3%, "기타"가 38.8%를 차지하였다.

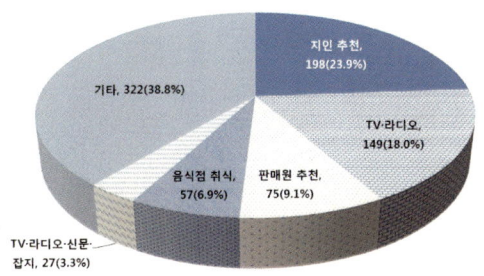

그림 2–36. 김치를 구입하기 위해 이용하는 정보 채널(복수 응답)

■ 가장 신뢰하는 정보 채널

가장 신뢰하는 정보 채널을 질문한 결과, 전체 응답자 828명 중 33.1%는 "지인의 추천을 가장 신뢰한다"고 응답하여 가장 높은 비중을 차지하였다. 그다음으로는 "TV · 라디오를 가장 신뢰한다"는 응답자가 23.8%, "판매원의 추천을 가장 신뢰한다"는 응답자가 11.1%로 나타났다. 업체에서 소비자의 정보 채널을 관리하는 방법 중 TV · 라디오의 효과가 가장 높을 것으로 판단되며 판매원의 적극적인 홍보도 효과적인 마케팅 방법으로 사용될 수 있을 것이다.

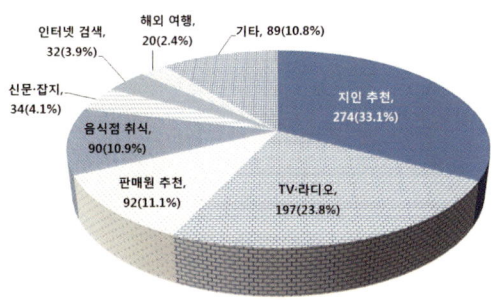

그림 2–37. 가장 신뢰하는 정보 채널

■ 알고 있는 김치 브랜드

알고 있는 김치 브랜드에 대해 질문한 결과(복수 응답), 총 828명의 응답자 가운데 "양반김치"를 알고 있다는 응답이 6.3%, "종가집 김치"를 알고 있다는 응답이 2.1%, "한울 김치"를 알고 있다는 응답이 1.4%, "농협 김치"를 알고 있다는 응답이 1.6%, "한성 김치"를 알고 있다는 응답이 2.9%, "모란봉(モランボン) 김치"를 알고 있다는 응답이 36.3%, "코우쥬안(香寿庵) 김치"를 알고 있다는 응답이 6.1%, "아자부 다이이치물산(麻布第一物産) 김치"를 알고 있다는 응답이 3.5%, "브랜드를 모르겠다"는 응답이 39.8%를 차지하였다.

표 2–27. 알고 있는 김치 브랜드(복수 응답, 누계)   단위: 명, %

구분	응답 수	양반	종가집	한울	농협	한성	모란봉	코우쥬안	아자부 다이이치물산	브랜드 모름
합계	1,038	65	22	15	17	30	377	63	36	413
(%)	(100.0)	(6.3)	(2.1)	(1.4)	(1.6)	(2.9)	(36.3)	(6.1)	(3.5)	(39.8)

(N=828)

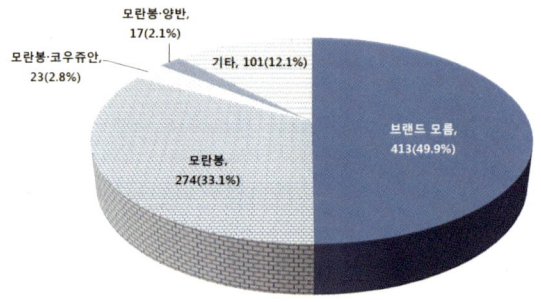

그림 2–38. 알고 있는 김치 브랜드(복수 응답)

이 질문에 대해서는 복수(1개 또는 그 이상)의 응답을 허용하였으므로 실제 응답의 조합별 분포를 보면(우측 원그래프), "브랜드를 모르겠다"는 응답자가 49.9%로 가장 큰 비중을 차지하였다. 그다음으로는 "모란봉만을 알고 있다"는 응답자가 33.1%, "모란봉과 코우쥬안을 알고 있다"는 응답자가 2.8%, "모란봉과 양반을 알고 있다"는 응답자가 2.1%, "기타"가 12.1%로 나타났다.

■ 최근 1년 동안 구입해본 김치 브랜드

최근 1년 동안 구입해본 김치 브랜드에 대해 질문한 결과(복수 응답), 총 828명의 응답자 가운데 "양반김치를 구입해 보았다"는 응답이 4.3%, "종가집 김치를 구입해 보았다"는 응답이 1.6%, "한울 김치를 구입해 보았다"는 응답이 1.2%, "농협 김치를 구입해 보았다"는 응답이 1.4%, "한성 김치를 구입해 보았다"는 응답이 1.6%, "모란봉 김치를 구입해 보았다"는 응답이 38.1%, "코우쥬안 김치를 구입해 보았다"는 응답이 4.4%, "아자부다이이치물산 김치를 구입해 보았다"는 응답이 2.5%, "구입해본 김치의 브랜드를 모르겠다"는 응답이 44.7%로 나타났다.

표 2-28. 최근 1년 동안 구입해본 김치 브랜드(복수 응답, 누계) 단위: 명, %

구분	응답수	양반	종가집	한울	농협	한성	모란봉	코우쥬안	아자부다이이치물산	브랜드모름
합계	923	40	15	11	13	15	352	41	23	413
(%)	(100.0)	(4.3)	(1.6)	(1.2)	(1.4)	(1.6)	(38.1)	(4.4)	(2.5)	(44.7)

(N=828)

이 질문에 대해서는 복수(1개 또는 그 이상)의 응답을 허용하였으므로 실제 응답의 조합별 분포를 보면(우측 원그래프), 최근 1년 동안 구입해본 김치의 "브랜드를 모르겠다"는 응답자가 49.9%, "모란봉만을 구입해 보았다"는 응답자가 37.4%, "양반만을 구입해 보았다"는 응답자가 2.7%, "코우쥬안만을 구입해 보았다"는 응답자가 1.4%, "모란봉과 코우쥬안을 구입해 보았다"는 응답자가 1.2%, "기타"가 7.4%를 차지하였다.

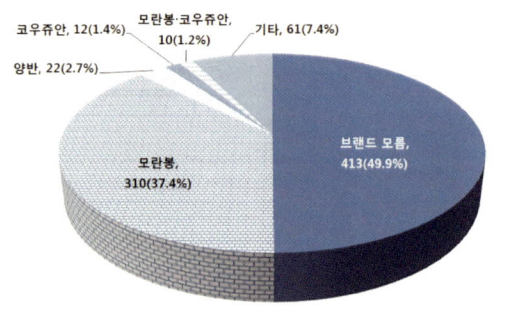

그림 2-39. 최근 1년 동안 구입해본 김치 브랜드(복수 응답)

■ 최근 1년 동안 주로 구입한 김치 브랜드

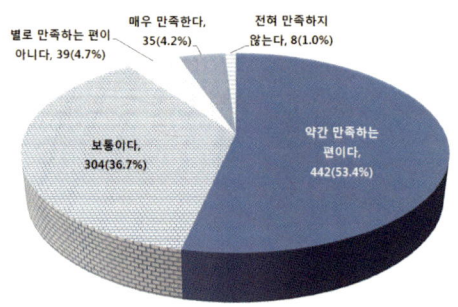

그림 2-40. 최근 1년 동안 주로 구입한 김치 브랜드의 만족도

최근 1년 동안 주로 구입한 김치 브랜드를 질문한 결과, 구입한 김치의 "브랜드를 모르겠다"는 응답이 49.9%로 가장 큰 비중을 차지하였다. 그다음으로는 모란봉을 주로 구입하였다는 응답이 40.3%이었고, 그 밖에 "양반"(3.7%), "코우쥬안"(2.1%), "아자부다이이치물산"(1.2%), "종가집"(0.9%), "한성"(0.9%), "한울"(0.7%), "농협"(0.4%)이었다.

표 2-29. 최근 1년 동안 주로 구입한 김치 브랜드   단위: 명, %

구 분	응답자 수	양반	종가집	한울	농협	한성	모란봉	코우쥬안	아자부다이이치물산	브랜드모름
합 계	828	31	7	6	3	7	334	17	10	413
(%)	(100.0)	(3.7)	(0.9)	(0.7)	(0.4)	(0.9)	(40.3)	(2.1)	(1.2)	(49.9)

■ 최근 1년 동안 주로 구입한 김치 브랜드의 만족도

최근 1년 동안 주로 구입한 김치 브랜드의 만족도를 5점 척도로 질문한 결과, 총 828명의 응답자 중에서 53.4%가 "약간 만족하는 편이다"를 선택하여 가장 큰 비중을 차지하였다. 그다음으로는 "보통이다"가 36.7%, "별로 만족하는 편이 아니다"가 4.7%, "매우 만족한다"가 4.2%, "전혀 만족하지 않는다"가 1.0%를 차지하였다.

응답자 특성별로 최근 1년 동안 주로 구입한 김치 브랜드의 만족도에 대한 차이가 있는가를 분석해본 결과, 결혼 여부에 따라 통계적으로 의미 있는 차이가 나타났다. 응답자의 결혼 여부에 따른 최근 1년 동안 주로 구입한 김치 브랜드의 만족도는 미혼이 3.6, 기혼이 3.5로 결혼을 하지 않은 응답자들이 만족도가 더 높은 것으로 나타났다.

1년 동안 주로 구입한 김치 브랜드별로 김치에 대한 만족도에 대해 분석해본 결과, 각 브랜드별 애용자들의 김치에 대한 만족도는 모두 평균(3점) 이상의 높은 수치를 나타내었다. 각각의 브랜드별 김치에 대한 만족도는 "양반" 3.3(N=31), "종가집" 3.7(N=7), "한울" 3.8(N=6), "농협" 3.7(N=3), "한성" 3.9(N=7), "모란봉" 3.4(N=334), "코우쥬안" 3.5(N=17), "아자부다이이치물산" 3.8(N=10), "브랜드 모름" 3.7(N=413)로서, 한성 김치를 주로 구입하여 먹는 응답자들이 김치에 대해 높은 만족도를 가지고 있는 것으로 나타났다.

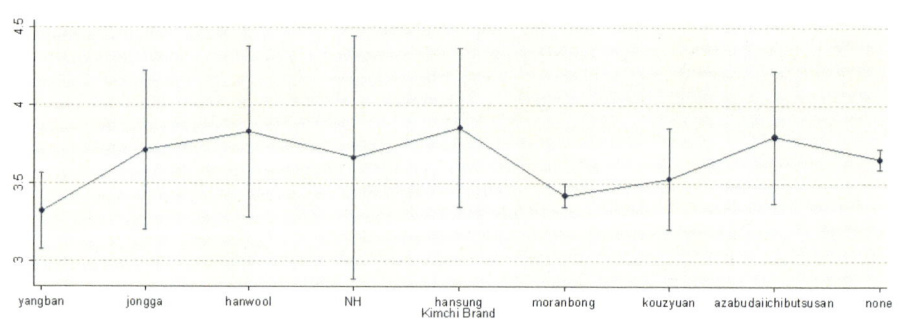

그림 2-41. 최근 1년 동안 주로 구입한 김치 브랜드의 만족도

■ 향후 가장 구입하고 싶은 김치 브랜드

응답자들이 앞으로 주로 구입하는 브랜드를 어느 정도 변경하고자 하는지 알기 위해, "향후 구입하고 싶은 김치 브랜드"에 대한 응답 결과를 "최근 1년간 주로 구입하는 김치 브랜드"별로 나누어 보았다. 앞으로 "양반 김치"를 구입하

고자 하는 응답자 수는 현재 양반 김치를 애용하고 있는 응답자 수의 90.3% 수준으로 나타났다. "종가집 김치"에 대해서는, 향후 구입하고자 하는 응답자 수가 현재 이 브랜드 제품을 구입하고 있는 응답자 수의 128.6%로 나타났다. "한울 김치"를 구입하고자 하는 응답자 수는 현재 한울 김치를 애용하고 있는 응답자 수의 116.7%로 나타났으며, "농협 김치"를 구입하고자 하는 응답자 수는 현재 농협 김치를 애용하고 있는 응답자 수의 66.7%로 나타났다. 앞으로 "한성 김치"를 구입하고자 하는 응답자 수는 현재 한성 김치를 애용하고 있는 응답자 수의 142.9%로 나타나 가장 큰 증가율을 나타냈다. "모란봉 김치"는 향후 구입하고자 하는 응답자 수가 현재 이 브랜드 제품을 구입하고 있는 응답자 수의 96.4%였으며, "코우쥬안 김치"를 구입하고자 하는 응답자 수는 현재 코우쥬안 김치를 애용하고 있는 응답자 수의 141.2%로 나타났다. 앞으로 "아자부다이이치물산 김치"를 구입하고자 하는 응답자수는 현재 아자부다이이치물산을 애용하고 있는 응답자 수의 130.0% 수준으로 나타났으며, 최근 1년간 주로 구입한 김치 브랜드의 이름을 모르겠다고 선택한 응답자들은 모두 향후 구입하고 싶은 김치 브랜드를 모르겠다고 응답하였다.

표 2-30. 향후 가장 구입하고 싶은 김치 브랜드   단위: 명, %

구 분	양 반	종가집	한 울	농 협	한 성	모란봉	코우쥬안	아자부다이 이치물산	브랜드 모름	응답 자 수
현 재 (A)	31 (3.7)	7 (0.9)	6 (0.7)	3 (0.4)	7 (0.9)	334 (40.3)	17 (2.1)	10 (1.2)	413 (49.9)	828 (100.0)
향 후 (B)	28 (3.4)	9 (1.1)	7 (0.9)	2 (0.2)	10 (1.2)	322 (38.9)	24 (2.9)	13 (1.6)	413 (49.9)	828 (100.0)
구매 의향지수 (B/A)	90.3%	128.6%	116.7%	66.7%	142.9%	96.4%	141.2%	130.0%	100.0%	-

■ 주로 이용하는 김치 브랜드 제품을 한 번에 구입하는 양

주로 이용하는 김치 브랜드 제품을 한 번에 구입하는 양을
질문한 결과, 전체 응답자 828명 중 80.4%가 100~500g을
구입한다고 선택하여 가장 높은 비중을 차지하였다. 그다음
으로는 100g 미만을 구입한다고 선택한 응답자가 12.4%,
500g~1kg을 구입한다고 선택한 응답자가 5.7%, 1~2kg을
구입한다고 선택한 응답자가 1.3%, 2~5kg을 구입한다고
선택한 응답자가 0.1%였으며, 한 번에 5kg 이상의 김치를
구입한다는 응답자는 없었다.

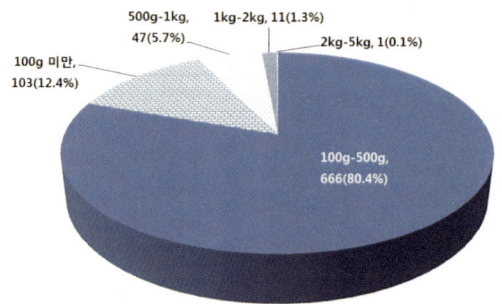

그림 2-42. 주로 이용하는 김치 브랜드 제품을 한 번에 구입하는 양

■ 주로 이용하는 김치 브랜드 제품의 1회당 구입 금액

　월평균 가계 수입별로 주로 이용하는 김치 브랜드 제품의 1회당 구입 금액(N=823)을 보면, 월평균 가계 수입이 15만 엔, 35만 엔, 55만 엔, 75만 엔인 그룹의 김치를 구입하는 금액에는 통계적으로 유의한 차이가 나타나지 않았으나, 월평균 가계 수입이 95만 엔인 그룹과 15만 엔, 35만 엔, 55만 엔, 75만 엔인 그룹의 김치를 구입하는 금액에는 차이가 있었다. 가계수입 그룹별 주로 이용하는 김치 브랜드 제품의 평균 구입 금액은 "15만 엔 그룹"이 377.5엔, "35만 엔 그룹"이 372.2엔, "55만 엔 그

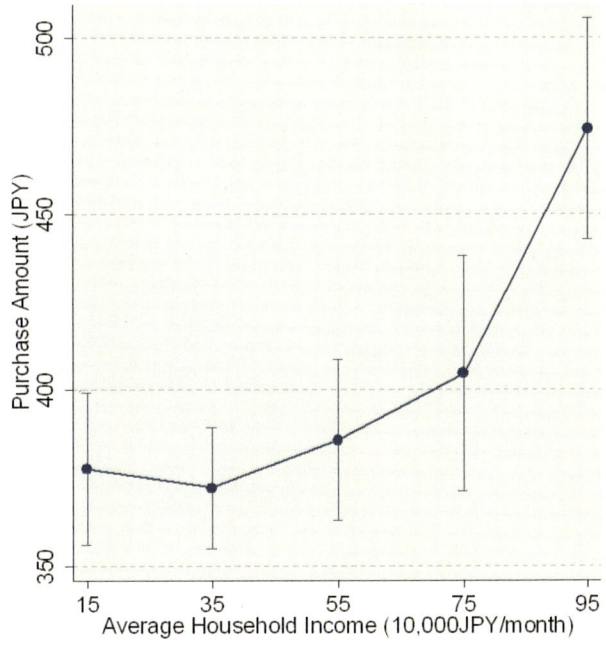

그림 2-43. 주로 이용하는 김치 브랜드 제품의 1회당 구입 금액(가계 수입별)

룹"이 385.7엔, "75만 엔 그룹"이 404.6엔, "95만 엔 그룹"이 474.3엔으로서, "35만 엔 그룹"이 김치를 구입하는 금액이 비교적 낮았으며, "95만 엔 그룹"이 가장 높았다.

1년 동안 주로 구입한 김치 브랜드별로 김치를 구입하는 금액에 대해 분석해본 결과, 각각의 브랜드별 김치의 구입 금액은 "양반" 473.7엔(N=31), "종가집" 542.9엔(N=7), "한울" 591.7엔(N=6), "농협" 533.3엔(N=3), "한성" 392.9엔(N=7), "모란봉" 412.1엔(N=330), "코우쥬안" 479.8엔(N=17), "아자부다이이치물산" 575.9엔(N=10), "브랜드 모름" 351.8엔(N=412)으로 나타났다. 1년 동안 주로 "한울 김치"를 구입한 응답자들이 김치를 구입하는 금액이 가장 높았으며, 1년 동안 주로 구입한 김치 브랜드를 모르겠다고 선택한 응답자들이 김치를 구입하는 금액이 가장 낮은 것으로 나타났다.

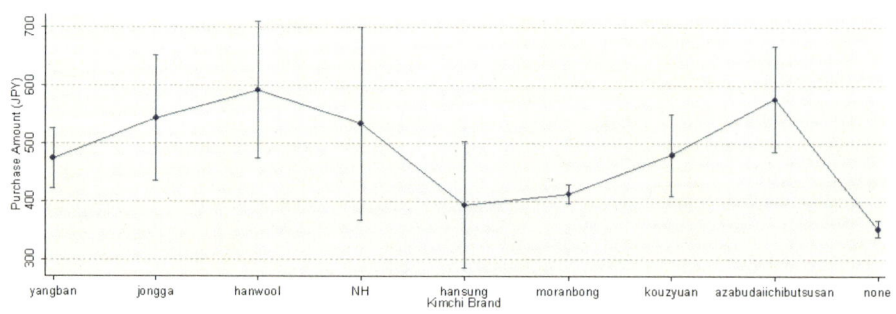

그림 2-44. 주로 이용하는 김치 브랜드 제품의 1회당 구입 금액

■ 주로 이용하는 김치 브랜드 제품의 1kg당 가격

표 2-31. 주로 이용하는 김치 브랜드 제품의 1kg당 가격 　　　　　　　　　단위: JPY

구 분		응답 수(명)	평 균	표준편차	최 소	최 대
합 계		823	1,674.1	854.3	66.7	5,800
연 령	20~29세	154	1,689.2	931.1	66.7	5,800
	30~39세	228	1,616.7	794.5	66.7	5,000
	40~49세	229	1,612.7	813.6	133.3	5,000
	50~59세	212	1,791.3	893.7	200.0	5,000
지 역	도 쿄	414	1,690.4	830.3	66.7	5,800
	오사카	409	1,657.6	878.7	66.7	,000
월평균 가계수입	25만 엔 미만	188	1,706.4	924.8	133.3	5,800
	25~44만 엔	297	1,638.0	842.0	66.7	5,000
	45~64만 엔	170	1,584.1	744.4	264.0	5,000
	65~84만 엔	79	1,651.9	725.2	330.7	3,600
	85만 엔 이상	89	1,918.1	1,000.9	400.0	5,000

주: 1. "김치를 구입한 적이 없다"고 응답한 수는 제외하였음. 김치를 구입한다고 응답하였으나 "1회당 구입액"이 "0"인 자료
　　 (N=5)를 삭제하였음.
　　2. "1회당 구입액"을 "1회당 구입량"으로 나누어 추산하였음.
　　3. "1회당 구입량"에 대한 질문은 범주형이므로, 계산의 편의를 위하여 각 선택에 임의의 대푯값을 부여하였음. 즉, 1)
　　　100g 미만은 0.1kg, 2) 100~500g은 0.25kg, 3) 500g~1kg은 0.75kg, 4) 1kg~2kg은 1.5kg, 5) 2kg~5kg은 3.5kg을
　　　대푯값으로 리코딩하였음.

　　　　1년 동안 주로 구입한 김치 브랜드별로 1kg당 구입 금액
에 대해 분석해본 결과, 각각의 브랜드별 김치의 구입 금액
은 "양반" 1,937.7엔/kg(N=31), "종가집" 1,414.3엔/kg(N=7),
"한울" 1,688.9엔/kg(N=6), "농협" 907.9엔/kg(N=3), "한성"
1,381.0엔/kg(N=7), "모란봉" 1,740.6엔/kg(N=330), "코우쥬
안" 1,884.9엔/kg(N=17), "아자부다이이치물산" 1,967.6엔/
kg(N=10), "브랜드 모름" 1,579.3엔/kg(N=412)으로 나타났다.
1년 동안 주로 "아자부다이이치물산 김치"를 구입한 응답자들

이 1kg당 김치를 구입하는 금액이 가장 높은 것으로 나타났다.

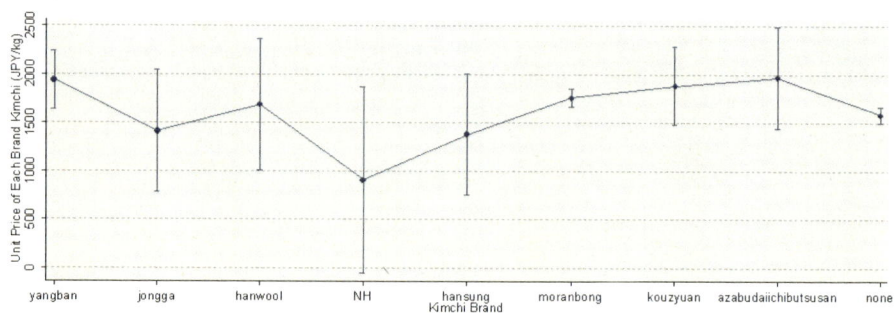

그림 2-45. 주로 이용하는 김치 브랜드 제품의 1kg당 구입 금액

■ 주로 이용하는 김치 브랜드 제품의 구입 빈도

가계 수입별로 주로 이용하는 김치 브랜드 제품의 구입 빈도(3개월)를 보면, 월평균 가계 수입이 15만 엔, 35만 엔, 55만 엔인 그룹의 구입 빈도 간에는 통계적으로 유의한 차이가 나타나지 않았으나, 월평균 가계 수입이 75만 엔인 그룹은 15만 엔, 35만 엔, 55만 엔인 그룹과 구입 빈도에 차이가 있었다. 가계수입 그룹별 주로 이용하는 김치 브랜드 제품의 구입 빈도를 보면, "15만 엔 그룹"은 2.1회/3월, "35만 엔 그룹"은 2.5회/3월, "55만 엔 그룹"은 2.7회/3월, "75만 엔 그룹"은 3.9회/3월, "95만 엔 그룹"은 2.9회/3월로서, 월평균 가계 수입이 75만 엔으로 증가할 때까지는 월평균 가계 수입이 높아질수록 주로 이용하는 김치 브랜드 제품을 더 자주 구입한다고 볼 수 있으나, 그 이상의 수입 그룹에서는 구입 빈도가 감소하는 것을 알 수 있다.

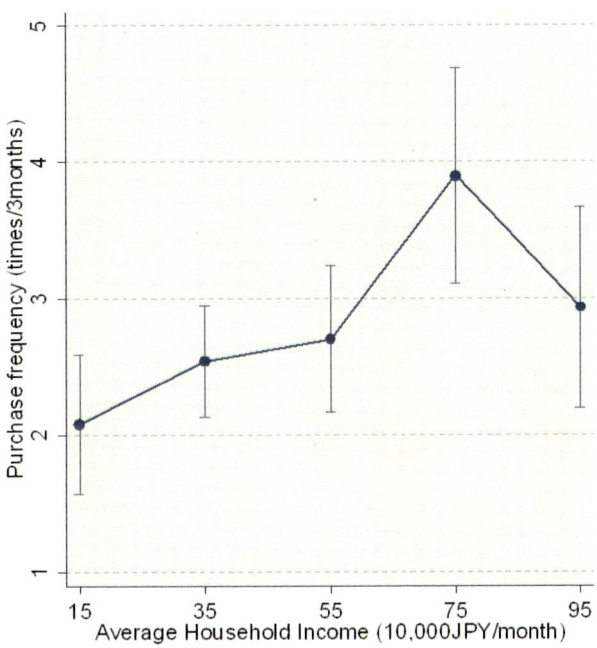

그림 2-46. 주로 이용하는 김치 브랜드 제품의 구입 빈도(가계 수입별)

   1년 동안 주로 구입한 김치 브랜드별로 김치의 구입 빈도
에 대해 분석해본 결과, 각각의 브랜드별 김치에 대한 구
입 빈도는 "양반" 2.4회/3월(N=31), "종가집" 3.1회/3월
(N=7), "한울" 8.8회/3월(N=6), "농협" 3.7회/3월(N=3),
"한성" 2.3회/3월(N=7), "모란봉" 2.5회/3월(N=334), "코
우쥬안" 2.6회/3월(N=17), "아자부다이이치물산" 3.9회/3
월(N=10), "브랜드 모름" 2.7회/3월(N=413)로 나타났다.
1년 동안 주로 "한울 김치"를 구입한 응답자들이 김치를 더
자주 구입하는 것으로 나타났다.

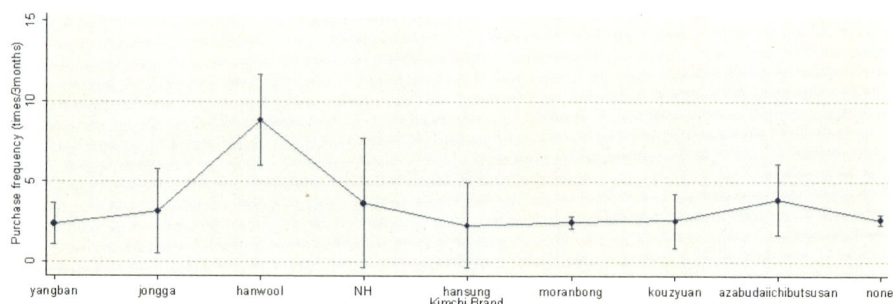

그림 2-47. 주로 이용하는 김치 브랜드 제품의 구입 빈도

■ 주로 이용하는 김치 브랜드 제품의 소비량

표 2-32. 주로 이용하는 김치 브랜드 제품의 소비액(3개월 기준)　　　　　　단위: kg

구 분		응답 수(명)	평 균	표준편차	최 소	최 대
합 계		828	0.8	1.6	0	22.5
연 령	20~29세	156	0.8	1.7	0	15.0
	30~39세	228	0.8	1.6	0	15.0
	40~49세	231	0.7	1.1	0	10.5
	50~59세	213	0.9	1.8	0	22.5
지 역	도 쿄	415	0.8	1.3	0	15.0
	오사카	413	0.8	1.8	0	22.5
월평균 가계수입	25만 엔 미만	188	0.6	0.7	0	4.5
	25~44만 엔	298	0.8	1.4	0	15.0
	45~64만 엔	172	0.8	1.3	0	15.0
	65~84만 엔	79	1.4	3.1	0	22.5
	85만 엔 이상	91	0.9	1.4	0	11.3

주: 1. "김치를 구입한 적이 없다"고 응답한 수는 제외함.
　　2. "1회당 구입량"과 "구입 빈도(3개월 기준)"를 곱하여 추산하였음.
　　3. "1회당 구입량"에 대한 질문은 범주형이므로, 계산의 편의를 위하여 각 선택에 임의의 대푯값을 부여하였음. 즉, 1) 100g 미만은 0.1kg, 2) 100~500g은 0.25kg, 3) 500g~1kg은 0.75kg, 4) 1kg~2kg은 1.5kg, 5) 2kg~5kg은 3.5kg을 대푯값으로 리코딩하였음.

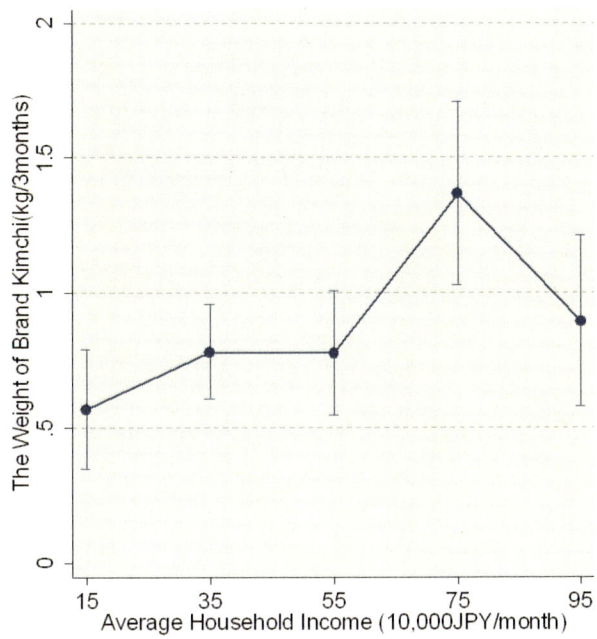

그림 2-48. 주로 이용하는 김치 브랜드 제품의 소비량
(3개월 기준, 가계 수입별)

 월평균 가계 수입별로 주로 이용하는 김치 브랜드 제품
의 소비량을 보면, 월평균 가계 수입이 15만 엔, 35만 엔,
55만 엔, 95만 엔인 그룹의 구입 빈도 간에는 통계적으로
유의한 차이가 나타나지 않았으나, 월평균 가계 수입이 75
만 엔인 그룹은 15만 엔, 35만 엔, 55만 엔, 95만 엔인 그룹
과 구입 빈도에 차이가 있었다. 가계수입 그룹별 주로 이용
하는 김치 브랜드 제품의 소비량을 보면, "15만 엔 그룹"이
0.6kg/3월, "35만 엔 그룹"이 0.8kg/3월, "55만 엔 그룹"
이 0.8kg/3월, "75만 엔 그룹"이 1.4kg/3월, "95만 엔 그
룹"이 0.9kg/3월로서, 월평균 가계 수입이 75만 엔인 그룹

이 김치를 가장 많이 소비하는 것을 알 수 있다.

1년 동안 주로 구입한 김치 브랜드별로 김치의 소비량에 대해 분석해본 결과, 각각의 브랜드별 김치에 대한 소비량은 "양반" 0.6kg/3월(N=31), "종가집" 1.8kg/3월(N=7), "한울" 4.1kg/3월(N=6), "농협" 5.0kg/3월(N=3), "한성" 0.7kg/3월(N=7), "모란봉" 0.8kg/3월(N=334), "코우쥬안" 0.9kg/3월(N=17), "아자부다이이치물산" 1.5kg/3월(N=10), "브랜드 모름" 0.7kg/3월(N=413)으로 나타났다. 1년 동안 주로 "농협 김치"를 구입한 응답자들이 김치에 대한 소비량이 가장 많은 것으로 나타났다.

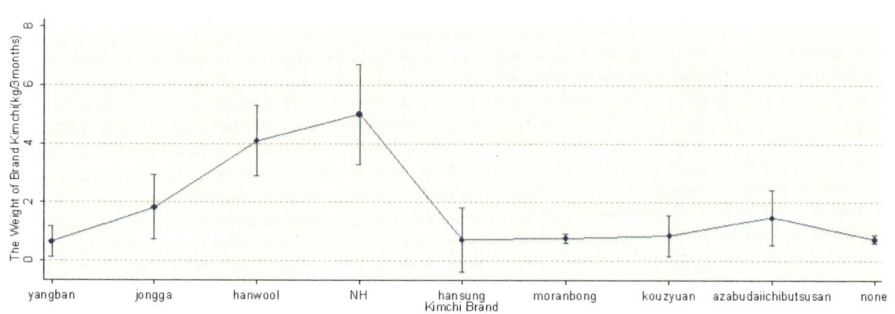

그림 2-49. 주로 이용하는 김치 브랜드 제품의 소비량(3개월 기준)

■ 주로 이용하는 김치 브랜드 제품의 소비액

표 2-33. 주로 이용하는 김치 브랜드 제품의 소비량(3개월 기준)　　　　　단위: kg

구 분	응답 (명)	평 균	표준편차	최 소	최 대
합 계	823	1,075.3	1,823.1	0	25,500

연 령	20~29세	154	1,253.1	2,738.4	0	24,000
	30~39세	228	1,014.1	1,942.5	0	25,500
	40~49세	229	928.3	1,090.3	0	7,500
	50~59세	212	1,170.6	1,451.7	0	9,800
지 역	도 쿄	414	1,107.6	1,654.1	0	19,980
	오사카	409	1,042.5	1,981.1	0	25,500
월평균 가계수입	25만 엔 미만	188	771.3	865.8	0	6,000
	25~44만 엔	297	973.1	1,738.2	0	24,000
	45~64만 엔	170	1,141.5	2,122.9	0	25,500
월평균 가계수입	65~84만 엔	79	1,471.7	1,903.7	0	9,800
	85만 엔 이상	89	1,580.1	2,604.6	0	19,980

주: 1. "김치를 구입한 적이 없다"고 응답한 수는 제외하였음. 김치를 구입한다고 응답하였으나 "1회당 구입액"이 "0"인 자료
(N=5)를 삭제하였음.
　2. "1회당 구입액"과 "구입 빈도(3개월 기준)"를 곱하여 추산하였음.

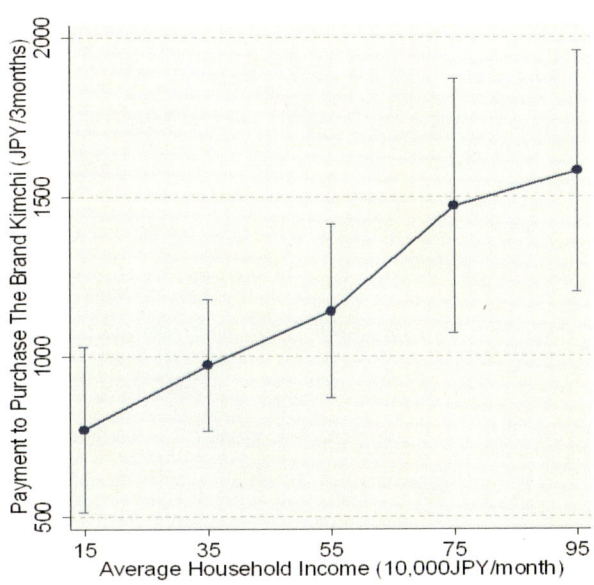

그림 2-50. 주로 이용하는 김치 브랜드 제품의 소비액
(3개월 기준, 가계 수입별)

월평균 가계 수입별로 주로 이용하는 김치 브랜드 제품의 소비액을 보면, 월평균 가계 수입이 15만 엔, 35만 엔인 그룹의 김치 소비액 간에는 통계적으로 유의한 차이가 나타나지 않았고, 75만 엔, 95만 엔인 그룹 간에도 차이가 나타나지 않았다. 그러나 월평균 가계 수입이 15만 엔, 35만 엔인 그룹은 75만 엔, 95만 엔인 그룹과 김치 소비액에 차이가 있었다. 가계수입 그룹별 주로 이용하는 김치 브랜드 제품의 소비액을 보면, "15만 엔 그룹"이 771.3엔/3월, "35만 엔 그룹"이 973.1엔/3월, "55만 엔 그룹"이 1,141.5엔/3월, "75만 엔 그룹"이 1,471.7엔/3월, "95만 엔 그룹"이 1580.1엔/3월로서, 월평균 가계 수입이 높아질수록 주로 이용하는 김치 브랜드 제품의 소비액이 높아지는 것으로 나타났다.

　1년 동안 주로 구입한 김치 브랜드별로 김치의 소비액에 대해 분석해본 결과, 각각의 브랜드별 김치에 대한 소비액은 "양반" 1,085.9엔/3월(N=31), "종가집" 1,585.7엔/3월(N=7), "한울" 6,233.3엔/3월(N=6), "농협" 2,166.7엔/3월(N=3), "한성" 885.7엔/3월(N=7), "모란봉" 1,078.7엔/3월(N=330), "코우쥬안" 1,221.4엔/3월(N=17), "아자부다이이치물산" 2,187.5엔/3월(N=10), "브랜드 모름" 950.2엔/3월(N=412)으로 나타났다. 1년 동안 주로 "한울 김치"를 구입한 응답자들이 김치의 소비액이 가장 많은 것으로 나타났다.

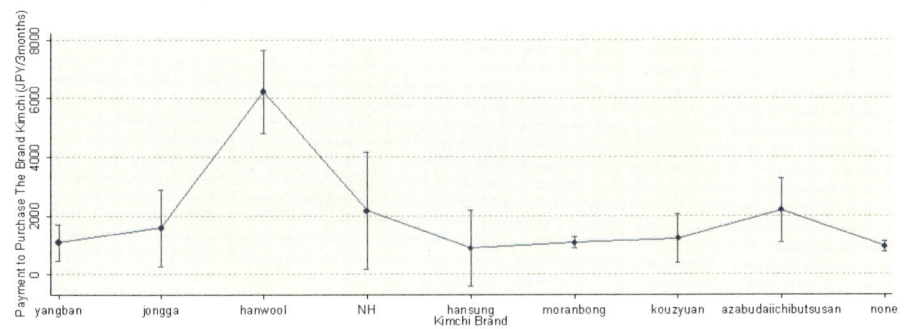

그림 2-51. 주로 이용하는 김치 브랜드 제품의 소비액(3개월 기준)

■ 주로 이용하는 김치 브랜드 제품을 한 번 구매하여 먹는 기간

주로 이용하는 김치 브랜드 제품을 한 번 구매하여 먹는 기간을 질문한 결과, 전체 응답자 828명 중 39.7%는 김치를 한 번 구매하면 "1주일 정도"를 먹는다고 선택하여 가장 높은 비중을 차지하였다. 그다음으로는 "1주일 이상"이 32.7%, "2~3일 정도"가 24.3%, "하루 정도"가 3.3%로 나타났다.

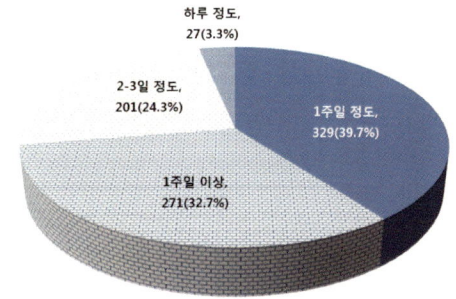

그림 2-52. 주로 이용하는 김치 브랜드 제품을 한 번 구매하여 먹는 기간

■ 수입 식품에 대한 인식

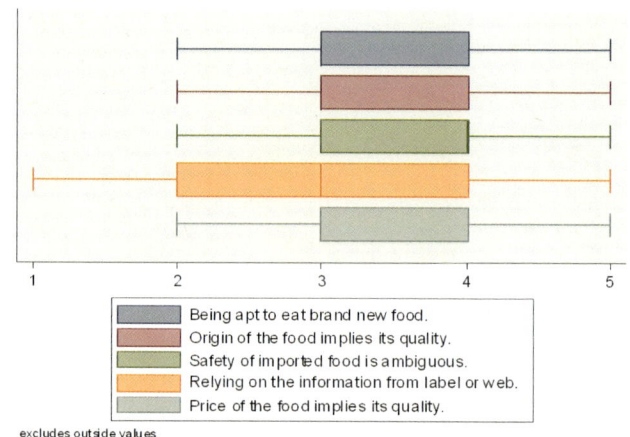

그림 2-53. 수입 식품에 대한 인식

수입 식품에 대한 인식을 알아보고자 5가지 질문을 총 1,000명에게 5점 척도로 질문하였다. 1번 질문(나는 새로운 음식을 먹는 것을 매우 좋아한다)의 평균은 3.2, 2번 질문(원산지를 통해서 식품의 품질에 대해 많이 알 수 있다)의 평균은 3.2, 3번 질문(수입 식품이 안전한지 알기가 힘들다)의 평균은 3.9, 4번 질문(구매하는 제품에 대한 구체적 정보를 확인하기 위해 라벨 정보나 웹사이트를 꼼꼼히 읽어 본다)의 평균은 3.0, 5번 질문(가격은 식품의 품질을 말해주는 좋은 척도이다)의 평균은 3.2로 나타나 각 질문별 수입 식품에 대한 인식이 모두 평균(3점) 이상의 높은 수치를 나타내었다.

응답자 특성별로 1, 2, 5번의 질문이 성별에 따라 통계적으로 의미 있는 차이가 나타났는데, 1번 질문에 대해서는 여성이 3.3, 남성이 3.1로 새로운 음식을 먹는 것을 좋아하는 경향은 여성이 더 강한 것으로 나타났다. 2번 질문에 대해서는 여성이 3.3, 남성이 3.1로 여성이 남성보다 원산지를 통해서 식품의 품질에 대해 많이 알 수 있다고 생각하는 것으로 나타났다. 5번 질문에 대해서는 여성이 3.2, 남성이 3.1로 여성이 남성보다 가격은 식품의 품질을 말해주는 좋은 척도라고 생각하는 것으로 나타났다.

■ 각 나라의 식품을 구매할 의향

네 나라(한국, 일본, 중국, 태국)의 식품을 구매할 의향에 대해 알아보고자 총 1,000명에게 5점 척도로 질문하였다. 한국 식품을 구입할 의향의 평균은 2.9, 일본 식품을 구입할 의향의 평균은 4.3, 중국 식품을 구입할 의향의 평균은

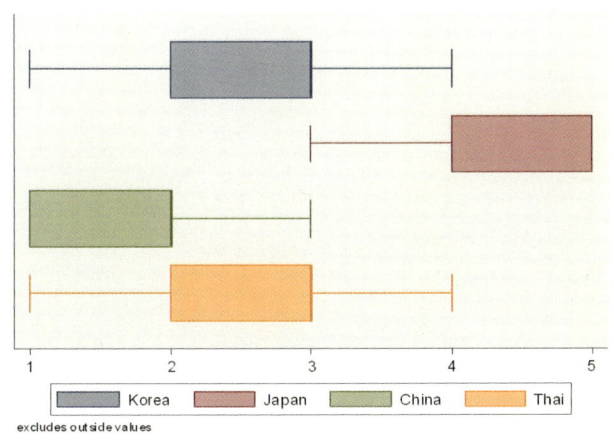

excludes outside values

그림 2–54. 각 나라의 식품을 구매할 의향

1.9, 태국 식품을 구입할 의향의 평균은 2.8로 나타나 일본 식품을 구입할 의향이 가장 높은 것으로 나타났다.

응답자 특성별로 각 나라의 식품을 구입할 의향에 대한 선호도에 차이가 있는가를 분석해 본 결과, 한국 식품에 대해서는 연령대별 · 지역별로, 일본 식품에 대해서는 성별 · 지역별로, 중국 식품에 대해서는 성별 · 결혼여부별 · 지역별 · 직업별로, 태국 식품에 대해서는 지역별로 통계적으로 의미 있는 차이가 나타났다.

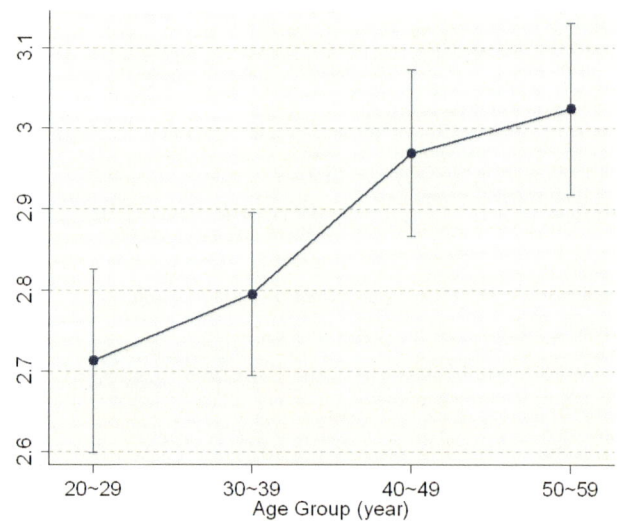

그림 2-55. 한국 식품을 구매할 의향(연령대별)

연령대별에 따른 한국 식품을 구매할 의향을 분석해본 결과, 20대는 40대, 50대와 통계적으로 유의한 차이가 나타났으며, 30대는 40대, 50대와 유의한 차이가 나타난 것을 알 수 있다. 연령대별 한국 식품에 대한 구매 의향의 평균은 20대가 2.7, 30대가 2.8, 40대가 3.0, 50대가 3.0으로 나타나 연령대가 높아질수록 한국 식품을 구매할 의향이 점점 높아진다고 볼 수 있다. 거주 지역별에 따른 한국 식품을 구매할 의향의 평균은 도쿄가 3.0 오사카가 2.8로 도쿄에 사는 응답자들이 한국 식품을 구매할 의향이 더 높은 것으로 나타났다.

성별에 따른 일본 식품을 구매할 의향의 평균은 여성이 4.3, 남성이 4.2로 여성이 일본 식품을 구매할 의향이 더 높았으며, 지역별에 따른 평균은 도쿄가 4.2, 오사카가 4.3으로 오사카에 사는 응답자들이 일본 식품을 구매할 의향이 더 높은 것으로 나타났다.

성별에 따른 중국 식품을 구매할 의향의 평균은 여성이 1.8, 남성이 2.0으로 남성이 중국 식품을 구매할 의향이 더 높았으며, 결혼 여부에 따른 평균은 미혼이 1.9, 기혼이 2.0으로 결혼을 한 응답자들이 중국 식품을 구매할 의향이 더 높았다. 거주 지역별에 따른 평균은 도쿄가 2.0, 오사카가 1.8로 도쿄에 거주하는 응답자들이 중국 식품을 구매할 의향이 더 높은 것으로 나타났다.

중국 식품을 구매할 의향에 대해서는 직업별로 차이가 나타났다. 간부 · 임원직(CEO) 응답자들의 중국 식품에 대한 구매 의향은 2.3이었는데, 이것은 전문직(1.9)과 개인사업자(1.9), 전업주부(1.8), 사무직(1.9), 무직 · 퇴직 · 임시휴직(1.7) 등의 그룹과 통계적으로 의미 있는 차이가 있는 것으로 나타났다. 즉, 간부 · 임원직(CEO) 응답자들은 전문직, 개인사업자, 전업주부, 사무직, 무직 · 퇴직 · 임시휴직자인 응답자에 비하여 중국 식품을 구매할 의향이 더 높은 것으로 나타났다.

전업주부인 응답자들의 중국 식품을 구매할 의향은 1.8로 나타났다. 이것은 육체노동자 · 인부(2.1)와 통계적으로 의미 있는 차이가 있는 것으로 나타나 전업주부는 육체노동자 · 인부보다 중국 식품을 구매할 의향이 더 낮은 것으로 나타났다. 무직 · 퇴직 · 임시휴직자들의 중국 식품을 구매할 의향은 1.7로 나타났다. 이것은 영업 · 마케팅(2.0), 사무보조 · 비서(2.0), 육체노동자 · 인부(2.1), 선생님 · 교육자(2.1), 학생(2.1)과 통계적으로 의미 있는 차이가 있는 것으로 나타나 무직 · 퇴직 · 임시휴직자들은 영업 · 마케팅, 사무보조 · 비서, 육체노동자 · 인부, 선생님 · 교육자, 학생에 비하여 중국 식품을 구매할 의향이 더 낮은 것으로 나타났다.

거주 지역별에 따른 태국 식품을 구매할 의향을 분석해본 결과, 태국 식품의 구매 의향은 도쿄가 2.9, 오사카가 2.8로 도쿄에 거주하는 응답자들이 오사카에 거주하는 응답자보다 태국 식품을 구매할 의향이 더 높은 것으로 나타났다.

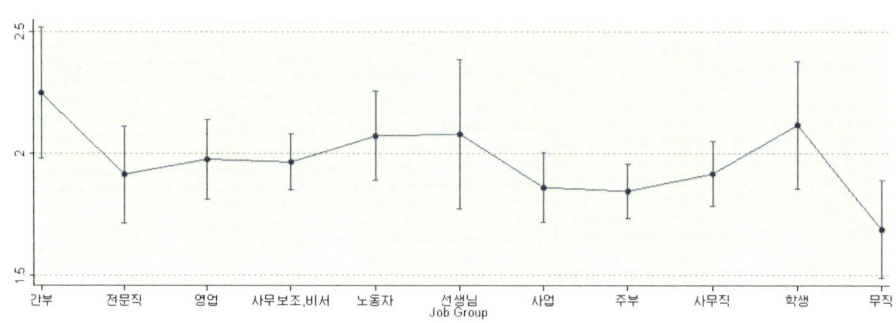

그림 2-56. 중국 식품을 구매할 의향(직업별)

Part 03

김치 수출입 현황

제 1 절
김치 수출입 현황

    한국과 다르게 따라 HS코드가 부여되어 있지 않은 김치는 조제 또는 저장 가공한 채소 기타류 제품(HS코드 2005.99)에 포함되어 수출입되고 있다.

    일본에서 조제 또는 저장 가공한 채소 기타류 제품(HS코드 2005.99)[14]을 수입하는 국가로는 중국, 한국, 대만, 미국, 뉴질랜드 등으로 나타났다. 일본에 수입된 조제 또는 저장 처리한 기타 채소 기타류 총액은 2010년 3억 3,925만 4,550달러를 기록하여 전년 대비 18.3% 증가하였다.

    중국에서 수입된 조제 또는 저장 가공한 기타 채소 기타류 제품 수입액이 2억 2,520만 9,507달러로 가장 높은 금액을 기록하였으며, 전년대비 24.6% 증가하였다. 한국에서 수입된 조제 또는 저장 가공한 기타 채소 기타류 제품 수입액은 8,563만 달러로 전년대비 6% 증가한 금액을 보이고

----

14 조제 또는 저장 처리한 기타 채소(식초 또는 초산으로 처리한 것을 제외하고, 냉동하지 아니한 것에 한하며, 제2006호의 물품을 제외한다), 기타(김치 포함) HSCODE: 2005.99.

있다. 그 뒤를 이어 대만, 미국, 뉴질랜드에서 제품을 수입하고 있으며, 2010년에 각각 1,353만 달러(1.4%), 413만 달러(29.8%), 185만 달러(7.4%)로 나타났다.

표 3-1. 조제 또는 저장 가공한 채소 기타류 제품(HS코드 2005.99) 수입액 　　　　　　단위: 천 달러

순위	국가	2008		2009		2010	
		금액	증가율	금액	증가율	금액	증가율
	총계	269,614	−3.3	286,804	6.4	339,255	18.3
1	중국	166,276	−10.8	180,784	8.7	225,210	24.6
2	한국	77,615	16.0	80,821	4.1	85,633	6.0
3	대만	13,985	−8.5	13,349	−4.6	13,540	1.4
4	미국	2,191	51.9	3,183	45.3	4,132	29.8
5	뉴질랜드	2,120	42.4	1,726	−8.8	1,853	7.4

자료: Global Trade Atlas.

한국에서 일본으로 수출되는 야채 조제품은 2006년 이전에는 HS코드 2005.90.292와 2005.90.299를 통해 수출되었으나, 2007년 이후부터 현재까지 2005.99.919와 2005.99.999로 수출되고 있다.

표 3-2. 김치 관련 제품의 HS코드(일본)

제4부	조제식품과 음료, 알코올, 식초, 담배, 제조한 담배 대용물	비고
20류	채소, 과실, 견과류 또는 식물의 기타부문 조제품	
2005호	제조 또는 저장 처리한 기타 채소(식초 또는 초산으로 처리한 것을 제외하고, 냉동하지 아니한 것에 한하며, 제2006호의 물품을 제외한다)	

		조제, 저장 처리한 기타 채소 및 혼합 채소, 비냉동	
2005.99	000	조제, 저장 처리한 기타채소 및 혼합채소, 비냉동 Other vegetables and mixtures of vegetables, prepared or preserved, not frozen	
	919	조제, 저장 처리한 기타채소, 10kg 이하의 진공포장, 설탕 불포함, 비냉동 Other vegetables, prepared or preserved, in airtight containers not more than 10kg each including containers, not containing added sugar, not frozen	2007 이후
	999	조제, 저장 처리한 기타 채소, 설탕 불포함, 비냉동, n.e.s. Other vegetables, prepared or preserved, not containing added sugar, not frozen, n.e.s.	
		조제, 저장 처리한 기타 채소(초절임하지 않은 것, 비냉동)	
2005.90	000	조제, 저장 처리한 기타채소 및 혼합채소, 비냉동 Other vegetables and mixtures of vegetables, prepared or preserved, not frozen	
	292	조제, 저장 처리한 기타 채소, 10kg 이하의 진공포장, 설탕 불포함, 비냉동 Other vegetables, prepared or preserved, in airtight containers not more than 10kg each including containers, not containing added sugar, not frozen	2006 이전
	299	조제, 저장 처리한 기타채소, 비포장, 설탕 첨가, 비냉동, n.e.s. Other vegetables, prepared or preserved, not containing added sugar, not frozen, n.e.s.	

자료: 한국무역협회(www.kita.net).

일본의 2011년도 "조제, 저장 처리한 기타 채소 및 혼합채소, 비냉동"의 수출액은 966,799천 엔으로 전년대비 10.6%가 감소하였다. 수출물량은 1,533톤으로 8.7% 감소하였으며, 2004년부터 2007년까지 증가 추세를 보이다가 2008년부터 감소하는 추세를 보이고 있다.

수입액의 경우, 꾸준히 증가해오던 "조제, 저장 처리한 기타 채소 및 혼합채소, 비냉동"의 수입액이 2008년도에 감소하는 듯하였으나, 2011년도에 140천 톤이 수입되어 예전 수준을 회복하였다.

표 3-3. 조제 또는 저장 가공한 채소 기타류 제품의 수출입 추이(일본, 2011)

연도	수출			수입		
	금액(천 엔)	중량(톤)	단가(천 엔/kg)	금액(천 엔)	중량(톤)	단가(천 엔/kg)
1989	1,527,553	2,683	0.57	3,031,744	16,034	0.42
1990	1,706,763	2,913	0.59	3,090,319	15,861	0.42
1991	1,758,252	2,581	0.68	4,174,082	19,837	0.34
1992	1,790,022	2,560	0.70	5,397,826	24,698	0.35
1993	1,510,834	2,189	0.69	5,650,278	25,796	0.33
1994	1,434,597	2,198	0.65	6,044,077	28,480	0.35
1995	1,948,875	2,503	0.78	6,677,441	34,623	0.32
1996	2,137,689	2,807	0.76	8,108,583	39,320	0.35
1997	1,686,896	2,548	0.66	8,919,165	44,460	0.36
1998	1,757,787	2,561	0.69	10,329,851	50,139	0.38
1999	1,722,810	2,617	0.66	14,102,865	70,310	0.39
2000	1,344,896	2,303	0.58	14,199,342	72,693	0.37
2001	1,402,546	2,383	0.59	16,374,701	86,934	0.38
2002	1,406,226	2,534	0.55	18,520,991	92,748	0.36
2003	1,311,909	2,524	0.52	21,124,047	106,442	0.38
2004	1,308,446	2,416	0.54	24,489,952	132,392	0.46
2005	1,352,820	2,356	0.57	26,410,304	145,352	0.46
2006	1,441,607	2,327	0.62	26,174,623	140,721	0.46
2007	1,459,307	2,454	0.59	26,308,557	133,661	0.46
2008	1,444,289	2,476	0.58	22,454,246	113,431	0.53
2009	1,140,952	1,888	0.60	21,708,367	120,616	0.53
2010	1,080,935	1,723	0.63	24,149,155	134,538	0.54
2011	966,799	1,533	0.61	25,121,189	140,164	0.58

주: 수입의 경우, 2007년 이후의 값은 HS 2005.99.919와 HS 2005.99.999의 값을 합산한 것이고, 2006년 이전의 값은 HS
    2005.90.292와 HS 2005.90.299의 값을 합산한 것임.
    수출의 경우 2007년 이후의 값은 HS 2005.99.0000이며, 2006년 이전의 값은 2005.90.000의 값임.
자료: 한국무역협회(www.kita.net).

단위: 백만 엔, 천 톤

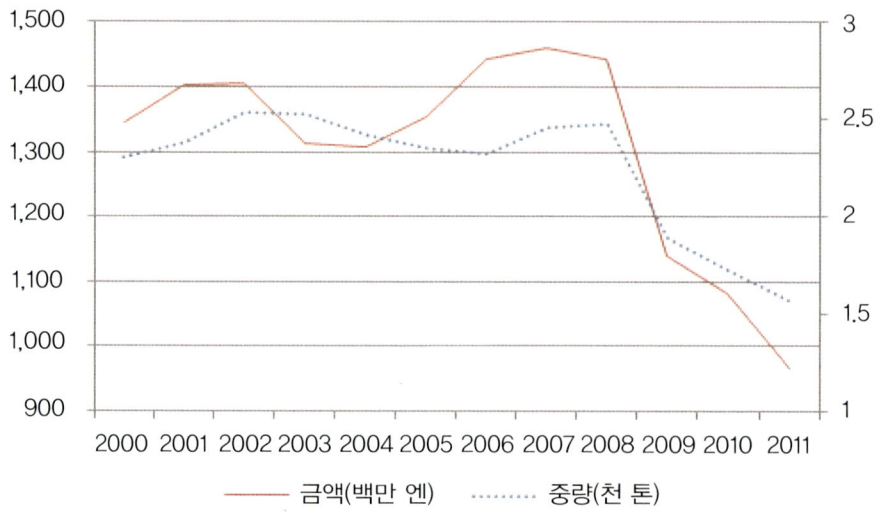

그림 3-1. 조제 또는 저장 가공한 채소 기타류 제품의 김치 수출 추이

단위: 백만 엔, 천 톤

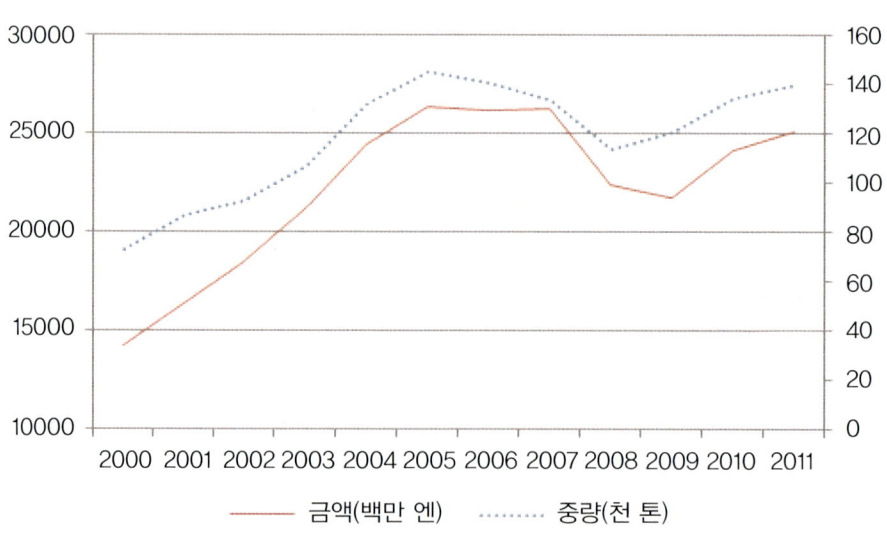

그림 3-2. 조제 또는 저장 가공한 채소 기타류 제품의 김치 수입 추이

제 2 절
한국산 김치 수출 동향

일본 내에서는 조제, 저장 처리한 기타 채소 및 혼합채소, 비냉동의 기타로 분류되어 있기 때문에 정확한 김치 수출입 물량을 확인할 수 없다. 때문에 한국에서 일본으로 수출되고 있는 김치 수출량을 통하여 일본에서 유통되고 있는 한국산 김치 시장을 확인해 보면 다음과 같다.

단위: 천 달러, 톤

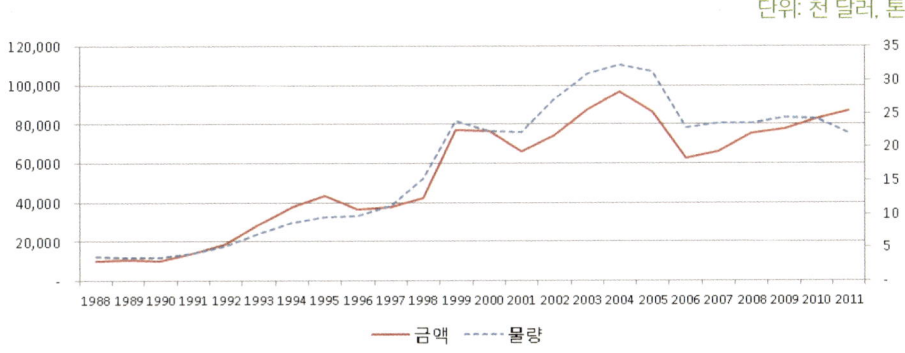

자료: 한국무역협회(www.kita.net), 각 연도.

그림 3-3. 한국산 김치 수출량 추이(1988~2011)

캔김치로 불리던 김치제품의 수출을 제외하고 총각김치와 배추김치가 1981년 2월 처음 일본으로 수출된 이래, 아시안게임(1986년)과 서울 올림픽 개최(1988년)를 통하여 한국에 대한 관심이 높아진 일본 소비자로 인하여 한국산 김치 수출이 꾸준히 증가하였다. 이로 인하여 한국에서는 1980년대의 주요 수출국이 중동지역에서 일본으로 교체되었다.

일본의 건강식품에 대한 관심 증가와 함께 90년대 말 김치의 수출이 급속히 증가하였으나, 2001년의 김치수출액은 전년대비 13.6%의 감소를 보이며 수출 증가가 둔화되기 시작하였다.

이는 쓰케모노 시장의 오랜 불황으로 삶의 터전을 지키기 위한 일본 기업의 품목 변경을 통한 김치 생산과 일본 소비자들의 김치 수요 둔화 등의 영향으로 2000년 이후 한국산 김치의 수출은 감소하는 것으로 나타났다.

잠시 주춤했던 한국 김치 제품의 일본 수출은 2002년 한일 월드컵의 영향으로 수출물량이 2만 2,199톤으로 증가하였으나, 2005년 10월 발생한 기생충 파동으로 인하여 2006년에는 수출물량의 최고치를 기록한 2002년과 비교하여 30% 하락한 2만 2,793톤으로 감소하였다.

2011년 현재 한국산 김치 수출량은 2만 2,053톤이며, 일본 대지진 이후 물류애로와 더불어 외식수요 감소 등으로 물량은 더욱 감소하는 경향을 보이고 있다.

표 3-4. 한국산 김치 수입 추이(1988∼2011)　　　　　　　　　단위: 천 달러, 톤

연도	물량	전년대비 증감률	금액	전년대비 증감률
1988	3,682	–	10,152	–
1989	3,513	−4.6	10,543	3.9
1990	3,384	−3.7	10,364	−1.7
1991	4,203	24.2	13,889	34.0
1992	5,116	21.7	18,923	36.2
1993	6,997	36.8	28,759	52.0
1994	8,723	24.7	37,726	31.2
1995	9,470	8.6	43,301	14.8
1996	9,759	3.1	36,662	−15.3
1997	11,225	15.0	37,648	2.7
1998	15,228	35.7	42,236	12.2
1999	23,815	56.4	77,038	82.4
2000	22,260	−6.5	76,463	−0.7
2001	22,199	−0.3	66,028	−13.6
2002	27,097	22.1	74,126	12.3
2003	30,854	13.9	87,169	17.6
2004	32,202	4.4	96,911	11.2
2005	31,153	−3.3	86,428	−10.8
2006	22,793	−26.8	62,637	−27.5
2007	23,493	3.1	66,120	5.6
2008	23,524	0.1	75,052	13.5
2009	24,389	3.7	77,622	3.4
2010	24,134	−1.0	82,781	6.6
2011	22,053	−8.6	86,819	4.9

자료: 한국무역협회(www.kita.net).

한국에서 일본으로 김치를 수출하고 있는 대표적인 기업으로는 대상FNF, 동원F&B, 농협, ㈜한울이며, 이들 업체는 각각 "종가집", "동원양반", "농협", "한울"이라는 고유 브랜드를 이용하여 판매되고 있다.

OEM 방식으로 판매되면서 한국김치는 미야마(美山)의 "윤가", 푸드레벨의 "규카쿠", 에바라식품공업의 "에바라", CGC재팬의 "CGC" 등이 있다.

이들 김치 제품 이외에 판매되는 제품은 "한국김치"라는 브랜드로 판매되는 경우가 많으며, 최근 유통업체의 가격 경쟁으로 인하여 유통업체 기획상품(Private Brand)이 증가하고 있다.

TV CF 등을 통해 김치를 홍보함으로써 한국식 김치에 대한 수요는 증가하였지만 일본 절임식품업체가 한국산 김치를 제조함으로써 한국에서 수출된 김치제품의 시장점유율은 크게 증가하지 못하고 있다.

또한 일본에서 김치를 수입하는 유통업체들의 자체 브랜드 생산이 점점 늘어나고 있어 한국 수출 제품의 입지가 줄어들고 있다.

표 3-5. 한국산 김치 수출업체

구 분	업체명	브랜드	수출업체
한국계 기업	대상재팬	종가(50%), CGC(25%)	대상FNF
	롯데물산	롯데 종가(18%),	"
	한국광장	종가집(국내포장)	"
	동원F&B	동원양반	동원F&B
	한국농협인터내셔날	농협	농협무역
	한울농산	한울	한울
절임업체	아키모토 식품 (秋本食品)	동원양반, 에바라, 규카쿠	도매
	빈고쓰케모노(備後漬物)	韓國キムチ	풍한식품
	미야마(美山)	尹家	건식무역
수입업체	산키	산키	모아
	푸드레벨	규카쿠	진미
	에바라식품산업	에바라	건식무역
	일본생협	남도	순천남도농협
	무라타식품	웅천농협	웅천농협
	잇츠재팬	동원양반	동원F&B
유통업체PB	CGC재팬	CGC	대상FNF
	이온	베스트프라이스	건식무역
	이토요카도	이토요카도	삼진글로벌넷

출처: 구자성, "김치 해외시장에서 살아남기 위한 전략", 농수산물유통공사.

제 3 절
중국산 김치 수입 동향

    중국산 김치는 2000년 이후 전체 시장규모의 5%를 차지하였으나, 2005년 발생한 김치 기생충 파동으로 인하여 중국식품 위생에 대한 부정적인 이미지를 얻게 되면서, 김치 판매에 어려움을 겪고 있다. 최근에는 외식업계 업무용이나 할인점의 특판용으로 유통되고 있으나, 안전성 문제로 유통에 많은 어려움을 겪고 있으며, 현재는 전체 김치시장 규모의 2~3%를 차지하고 있다.

    중국산 제품을 수입하는 업체로는 미야마(美山), 코쇼, 마루쿠, 산쇼 등이 있다.

    중국산 김치를 판매하고 있는 미야마(美山) 사(社)는 중국 산둥 성에 자사 공장을 보유하고 있으며 1994년 김치사업을 시작하여 2001년에는 연간 매출액 17억 엔을 달성하였다. 김치 기생충 사건 이후 어려움을 겪었지만 자사 공장의 안전성을 부각시키며 소비자의 신용을 회복시키고자 노력하였다. 그 이후 2006년 중반 이후부터 한국산 주원료를 쓰고 있는 "윤가김치" 및 중국산 제품인 "好好(호호)김치"
판매가 성장세를 보이기 시작하였다. 2008에는 일본산 김
치를 판매를 시작하였으며, 2009년 이온그룹의 PB(Private
Brand) 상품으로 "베스트 프라이스 by TOPVALU 기무치"
(300g)를 198엔이라는 저렴한 가격으로 판매하여 높은 성
과를 보였다. 2010년에도 계속되는 PB(Private Brand) 제
품의 성장세와 함께 "가와고에다츠야 이치오시 기무치"를
발매하여 히트를 쳤다.

중국에 자사 생산시설을 보유하고 있는 코쇼는 "이가명품
배추김치"라는 브랜드로 400g(150~298엔), 150g(100엔)
에 판매하고 있으며, 대부분 도매를 통해 유통되고 있다.
주거래 업체로는 마루야(사이타마), 베이시아(군마) 등이
있다.

표 3-6. 중국산 김치 취급업체

업체명	거래업체(소매점)	비고
미야마(美山)	자스코, 막스바류, 야오코, 라이프	중국(산둥 성)에 자사 생산시설 보유
코쇼(光商)	마루야, 베이시아	중국(산둥 성, 푸젠 성)에 자사 생산시설 보유
마루쿠	베이시아	
산쇼(三商)	세이유, 베이시아	

주: 위 조사는 2006년에 일본 수도권 주요 대형슈퍼 19개점을 대상으로 이루어진 조사이므로 현재와 다를 수 있음.
자료: ≪한국 농식품 수출 가이드북≫, 2008, 농림부, 농수산물유통공사.

Part 04 •

통관 절차 및 관세

제1절
수출 통관 절차

수출하고자 하는 물품에 대하여 해외시장조사[15]를 통해
무역계약[16]을 체결한 후, 수출 물품에 대해 세관에 수출신
고를 하고 필요한 검사를 거쳐 수출신고수리를 받아 물품을
외국무역선(기)에 적재하기까지의 절차를 수출통관이라고
한다.

　수출통관은 무역계약 체결이 이루어진 이후에 수출물품
을 제조하여 제조공장의 창고 등 세관검사를 받고자 하는
장소에 수출하고자 하는 물품을 장치하여 동 장소를 관할
하는 세관장에게 수출 신고한다.[17] 무역계약 체결 시 필요
사항은 다음 그림과 같다.

15 시장조사(market research)는 "재화나 용역이 생산자로부터 소비자에게 판매되고 이양되
　는 것과 관련된 모든 문제의 요인들을 수집·기록·분석하는 것이다"라고 정의된다. 즉,
　시장조사란 본격적인 기업활동의 전제가 되는 것으로서 경영정책의 수립에 중요한 기본
　이 되고 있으며 국내 판매나 해외 판매를 막론하고 반드시 거쳐야 되는 단계이다. 해외시
　장조사는 수출하고자 하는 국가의 정치·경제·사회·문화 등을 조사하여 자기의 제품
　이나 취급상품 등의 특정시장에 대한 판매가능성(selling possibility salability)을 측정하고
　판매에 필요한 정보를 수집하는 것이 주 임무이다. 미국마케팅협회(American Marketing
　Association).

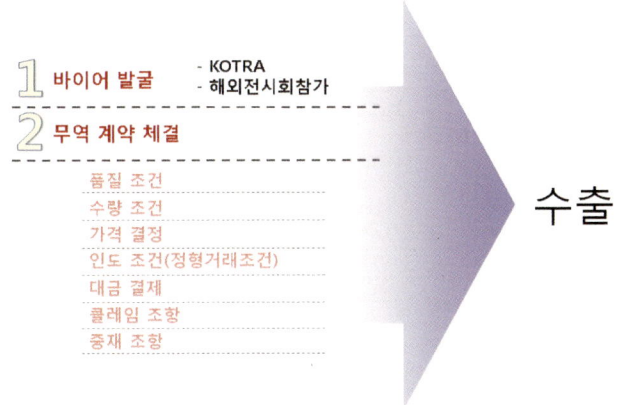

그림 4-1. 무역 계약 체결 시 필요 사항

세관에 수출신고서가 접수된 후 실제 수출물품과 신고된 물품이 동일한지 확인을 하게 된다. 이를 세관검사라고 하며, 물품이 일치하고, 서류상의 모든 조건을 갖추었을 때 수출신고가 수리되며 수출신고자에게 수출신고필증이 교부된다.

....

16 무역계약(trade contract)이란 국제간에 이루어지는 매매계약으로서 매도인 (seller)이 매수인(buyer)에게 물품의 소유권(property in goods)을 양도하며 물품을 인도할 것을 약속하고 매수인은 이를 수령하고 그 대금을 지급할 것을 약정하는 계약이다. 따라서 무역계약은 합의적 계약이며 쌍무적이고 유상적 계약이다. 즉, 무역계약은 첫째, 일반적으로 일정한 조건에 따라 상품을 매도하겠다는 수출자의 의사표시(offer)에 대하여 수입자가 이를 구매하겠다는 의사표시(acceptance)를 함으로써 계약이 성립되는 낙성(諾成) 또는 합의계약(合意契約: cinsensual contract)이다. 이는 매도인의 청약에 대한 매수인의 승낙으로 무역계약이 성립되기 때문이다. 둘째 매도인인 수출자는 합의된 매매조건에 따라 상품을 인도할 의무가 발생하는 동시에 매수인인 수입자는 이에 대한 대가로 대금을 지급할 의무가 발생하는 쌍무계약(bilateral obligation contract)이다. 따라서 매도인은 매수인으로부터 대금을 지급받을 권리가 발생하는 동시에 매수인은 매도인으로부터 상품을 인도받을 권리가 발생한다. 셋째 이상과 같이 합의계약적이고 쌍무계약적인 성격을 가진 무역계약은 오늘날 대부분의 경우 물품의 급부에 대한 화폐의 반대급부가 이루어짐으로써 계약의무가 이행되는 유상계약(remunerative contract)이다.

17 수출신고 장소는 보세구역장치 원칙 폐지로 인하여 수입물품과 달리 제한이 없다. 따라서 보세구역이 아닌 제조공장이나 창고에서도 장치가 가능하다.

수출물품은 수출신고수리에 의해 관세법상 외국물품으로 되며, 선(기)적항으로 운송되며 선(기)적하게 된다. 세관에서는 당해 물품의 선적을 확인함으로써 수출통관절차를 완료하게 된다.

표 4-1. 수출신고 시 포함 내용

수출신고

(1) 수출신고인의 명의
 – 화주(완제품 공급자 포함), 관세사, 통관취급법인 또는 관세법인의 명의로 함.

(2) 수출 신고자의 부호 부여
 – 관할 세관장으로부터 전자자료 교환방식에 의한 수출입신고업무 처리를 위한 신고자 부호(ID)를 부여 받음.

(3) 수출신고 시기
 – 수출품을 적재하기 전까지 수출물품이 장치된 물품소재지를 관할하는 세관장에게 함.

(4) 수출신고의 단위
 – 적재 단위별 신고: 선박이나 항공기의 적재단위(S/R 또는 S/O, B/L 또는 AWB)별로 함.
 – 수출품 장치 장소별 신고: 수출품의 장치 장소별로 따라 신고하여야 함. 수출물품의 품명·규격·수량의 확인을 위한 검사 등이 가능하여야 하기 때문임.

(5) 수출신고 시 구비서류
 – 화주가 수출신고인에게 제출하는 경우: 송품장
 – 수출신고인이 세관장에게 제출하는 경우: 수출신고서를 작성하여 관세청통관시스템에 전송

주: 수출신고서는 부록에 첨부되어 있음.

제 2 절
통관 및 관세

1. 수입 통관 절차

일본에 도착된 물품을 일본 내로 반입하고자 할 때는 세관에 수입신고를 하여야 하며, 검사를 거쳐 수입허가를 받도록 되어 있다. 이 수입신고로부터, 필요한 검사를 거쳐 관세 및 내국 소비세를 납부하고 수입허가를 받을 때까지의 일련의 절차가 수입통관[18] 절차[19]이다.

「식품위생법」에 근거하여 판매하거나 영업상에 사용하는 식품첨가물, 기구 또는 용기포장을 수입하고자 하는 자는 후생노동청이 정하는 바에 따라 신고해야 하며 수입신고를 하지 않은 식품에 대해서는 판매할 수 없다고 명시되어 있다.

김치를 일본 내에서 판매하기 위해서는 후생노동성 검역소에 신고해야 하며 신고를 접수한 후생노동성 검역소에서는 「식품위생법」에 따라 적법 식품 등인지 식품 위생 감시원이 심사와 검사를 실시한다.

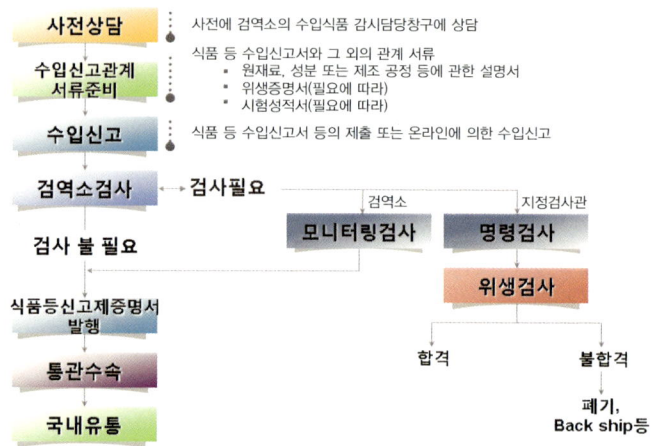

자료: 후생노동성, http://www.mhlw.go.jp/topics/yunyu/tp0130-1a.html

그림 4-2. 「식품위생법」에 근거한 수입 수속 절차

일본에서 농수산물을 수입하는 경우에는 관련 법규에 따라 일본 농림수산성의 식물 검역을 받아야 하며, 후생노동성의 「식품위생법」에 의거하여 식품위생검역의 절차를 거쳐야 하지만 가공식품의 경우에는 동식물 검역 및 일반 검역의 제외 대상으로 식품위생검역의 절차만 받으면 된다.

또한 일본의 「식품법」 제16조에 따라서 판매용으로 제공하거나 영업을 목적으로 사용하는 식품, 첨가물, 기구(식기, 조리기구 등 식품에 직접 접촉하는 물건) 또는 포장용

------

18 통관(Customs Clearance)이란 자구해석에 따르면 "관세선을 통과하는 것", 즉 "관세선을 지키는 관문이 세관이므로 세관을 통과하는 것"을 의미한다. 화물의 국가 간 이동에는 나라마다 특수한 목적을 위하여 각종의 규제를 가하고 있고, 이러한 규제는 세관에서 통관이라는 절차를 통하여 실현되고 있다. 통관에 대한 관세법상의 의미는 수출, 수입 및 반송의 신고수리를 뜻하며, 이는 화물의 이동경로에 따라 수입통관, 수출통관 및 반송통관으로 구분된다. ≪수출입통관 매뉴얼≫, 이정길·한상필, 코페하우스, 2011.
19 통관절차란 수출입에 관한 국가의 규제 사항을 서류 및 현품과 대조 확인하는 절차라고 할 수 있다. ≪수출입통관 매뉴얼≫, 이정길·한상필, 코페하우스, 2011.

기를 수입하는 자는 정해진 바에 따라 후생노동성 대신에게 식품 등 수입신고를 해야 한다. 식품 등의 수입 신고는 일본의 전국 31개 항구 및 공항의 식품 감시 업무 담당창구가 있는 후생노동성 검역소에서 접수하고 있다.

식품 등 수입신고서와 함께 수출국(한국) 정부기관에 의해서 발행되는 위생증명서를 첨부하여 신청하면 검역소에서 감시 및 지도를 실시한다. 이 신고서는 수입식품 도착 7일 전부터 접수하고 있으며 서류 심사의 결과가 문제가 없고 검사할 필요가 없다고 판정된 경우에는 수입업자에게 신고필증이 교부된다. 다만, 위생검사가 필요한 경우에는 보세지역 내에서 검사가 행해지고 수입의 여부가 판단된다.

사전에 후생노동대신 지정 일본 내 검사기관 혹은 등록되어 있는 국외 검사기관에서 자주적으로 검사해 두면, 그 결과가 검역소에서 행해지는 위생검사와 동등하게 취급되므로 그 검사항목에 대해서는 위생검사가 생략되어 수입 절차가 간결해진다.

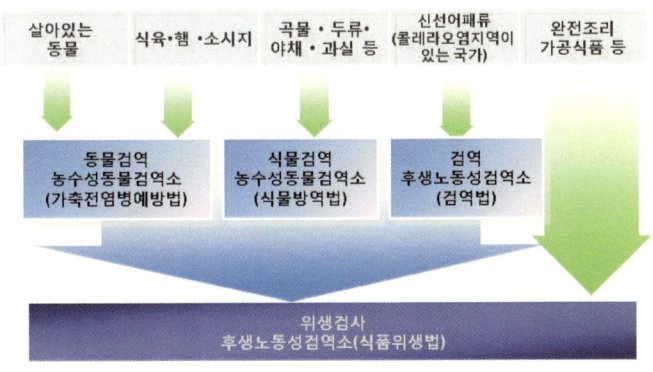

그림 4-3. 농수산물의 수입 심사 및 검사 절차

수입신고 시 필요서류는 '수입(납세) 신고서'를 세관장에게 제출해야 하며 상업송장, 선하증권(또는 항공화물 운송증), 보험료 명세표, 운송비 명세표, 포장 명세표 등의 서류를 함께 제출해야 한다.

2. 관세[20]

세율은 원칙적으로 특혜세율, 협정세율, 잠정세율, 기본세율의 순서로 우선적으로 적용되며, 특혜세율은 법령에서 정해진 요건을 갖춘 경우에 한하며 협정세율은 잠정세율 또는 기본세율보다도 낮을 경우에 적용된다.

일본은 HS분류를 채택[21]하고 있으며 일본의 실행관세율표는 일본관세협회가 발행하고 있으며 품목별 관세율, GATT양허표, 관세 잠정조치법 및 수입통계품목표가 게재되어 있다. 김치는 실행관세율표의 제4부의 조제식료품, 음료, 알코올, 식초, 담배 및 제조 담배 대용품에 속하여 제20류에 분류되어 있다. 제20류는 야채, 과일, 너트, 기타 식물 부분의 조제품으로서 이 유에서는 다음의 물품을 포함한다.

....

20 화물 수입 시에는 원칙적으로 관세가 부과되는데 크게 나누면 다음과 같음.
  – 기본세율: 관세정율법에 정해진 세율로서, 특별한 사정이 없는 한 장기적으로 적용되는 기본적인 세율로서 정해져 있음.

– 잠정세율: 국민경제의 건전한 발전을 목적으로 한 관세 잠정조치법에 의한 세율로서 일시적으로 기본세율보다 어려운 사정이 있는 경우에 일정기간 동안 기본세율 대신에 적용함.

– 특혜세율: 개발도상국으로부터의 수입품에 대해서 적용되는 세율로서 선진국으로부터의 수입품에 대한 세율보다 낮게 설정되어 있음. 경제개발 도상에 있는 유엔무역개발회의(UNCTAD)의 가맹국으로서 특혜관세의 공여를 희망하고 일본국이 적당하다고 인정한 나라에 대해서 적용하고 있음(특혜관세 적용국: 2002년 149개국, 15지역).

– 협정세율: 외국과의 조약을 기본으로 특정의 품목에 대해서 일정율 이하의 관세만 과세하는 것을 약속(양허)하고 있는 관세율을 협정세율이라 함. 현재 일본에는 협정세율로서는 WTO에 의한 것뿐임(WTO 미 가맹국이라 할지라도 2국 간 조약으로 최혜국 대우를 약속한 나라에 대해서는 협정세율이 적용됨).

양허한 협정세율은 자동적으로 기타 WTO 가맹국 전부에 적용되며, 일단 양허한 세율을 수정하려면 그 품목에 대해서 관세인하를 약속한 원교섭국 등과의 사이에서 수정교섭이 필요함.

21 일본의 관세율표는, 〈HS조약〉이라 하는 「상품의 명칭 및 분류를 통일하는 국제조약」을 기본으로 하고 있다. 이 조약은, 1988년 1월부터 시작되어 현재 일본과 95개국 및 EU가 가맹하고 있으며, HS조약의 부속서는 〈HS품목표〉라 하며, 이것은 품목을 조직적·체계적으로 분류하기 위한 품목표이다.

관세율표는 HS품목표의 필요사항에 의해 세분화되며, 수입상품의 분류는 관세율표를 기준으로 하며 항목, 번호 및 관세율 표상의 세분을 큰 분류에서 작은 분류로 체계적으로 나누고 있다.

□ HS코드의 구조
ㅇ HS(Harmonized Commodity Description and Coding System) 부호란 수출입 물품에 대해 HS협약에 의해 부여되는 상품분류 코드이다.
ㅇ 6자리까지는 국제 공통으로 사용하는 코드이며, 7자리부터는 각 나라에서 6단위 부호의 범위 내에서 이를 세분하여 10자리까지 사용할 수 있다.
– 우리나라에서는 10자리까지 사용하는데 이를 HSK(HS of Korea)라 하며, EU는 8자리, 일본 9자리 사용.

□ HS코드 단위구분
ㅇ 2단위(대분류): 부류 구분(부류 전체 표시: 〈예〉 산동물)
ㅇ 4단위(중분류): 품목종류 표시
ㅇ 6단위(소분류): 개별품목 분류(전 세계 6단위 공통코드 분류)
ㅇ 10단위(세분류): 개별품목 추가 상세분류(해당국 상세분류)

□ 분류체계(대분류 기준)

코 드	품 명	코 드	품 명
01~24	동·식물류, 식료품, 담배 등	68~71	재류, 시멘트, 유리류 등
25~27	광물성 생산제품	72~83	금속류
28~39	화학생산제품	84~85	기계류, 전기기기
40~43	고무 및 가죽제품	86~89	차량, 항공, 선박 등
44~49	목재, 펄프 및 종이류	90~93	광학기기, 시계, 악기, 무기류 등
50~67	섬유, 신발, 모자류 등	94~97	가구류, 예술품 등

표 4-2. 제20류 야채, 과실, 너트 그 외 식물 부분의 조제품

주(注)

1. 이 유에는 다음 물품을 포함하지 않는다.

   (a) 제7류, 제8류 또는 제11류에 정해진 방법에 의해 조제하고 또는 보존에 적합한 처리를 한 야채, 과
      실 및 너트

   (b) 소시지, 고기, 고기부스러기, 피, 생선 또는 갑각류, 연체동물 또는 그 외의 수생무척추동물을 하나
      이상 함유하는 조제식료품으로 이 물품의 합유량의 합계가 전 중량의 20%를 넘는 것(제16류 참조)

   (c) 제19.05항의 베이커리 제품 그 외의 물품

   (d) 제21.04항의 균질혼합조제식료품

2. 제20.07항 및 제20.08항에는, 프루트젤리, 프루트페이스트, 설탕으로 덮인 아몬드 그 외 이 같은 종류
   의 물품으로 사탕과자의 형상의 것(제17.04항 참조) 및 초콜릿과자의 형상의 것(제18.06항 참조)을 포
   함하지 않는다.

3. 제20.01항, 제20.04항 및 제20.05항에는, 제7류, 제11.05항 또는 제11.06항의 물품(제8류의 물품의 가
   루 및 밀을 제외한다)으로 1(a)에 정해진 방법 이외의 방법으로 조제하거나 보존에 적합한 초리를 한
   것만을 포함한다.

4. 토마토주스에 함유물의 건조중량이 전 중량의 7% 이상인 것은 제20.02항에 속한다.

5. 제20.07항에 있어서 "가열조리를 해서 얻어진 것"이란 수분을 감소시키는 것으로 또는 그 외의 수단
   으로 점성을 늘리기 위해서 대기압에 있어서 또는 감압하에서의 열처리에 의해 얻어진 것을 말한다.

6. 제20.09항에 있어서 "발효되어 있지 않는 데다가 알코올을 넣지 않은 것"이란, 알코올분(제22류의 주
   2참조)이 전 용량의 0.5% 이하의 것을 말한다.

호주(号注)

1. 제2005.10호에 있어서 "균질조제야채"란 미세하게 균질화한 야채로부터 생긴 유아식용 또는 식이요
   법용의 조제품(소매용으로 정미중량이 250그램 이하의 용기에 넣어진 것에 한한다)을 말한다. 이런 경
   우에 있어서 조미, 보존 그 외의 목적을 위해 당핵조제품에 더한 소량의 구성성분은 고려하지 않는 것
   으로 하고, 당핵조제품이 소량의 야채의 눈으로 보이는 정도의 세편을 함유하는지 아닌지를 묻지 않
   는다. 동호는 제20.05항 외의 어떤 호보다도 우선한다.

2. 제2007.10호에 있어서 "균질조제야채"란 미세하게 균질화한 야채로부터 생긴 유아식용 또는 식이요
   법용의 조제품(소매용으로 정미중량이 250그램 이하의 용기에 넣어진 것에 한한다)을 말한다. 이런
   경우에 있어서 조미, 보존 그 외의 목적을 위해 당핵조제품에 더한 소량의 구성성분은 고려하지 않는
   것으로 하고, 당핵조제품이 소량의 야채의 눈으로 보이는 정도의 세편을 함유하는지 아닌지를 묻지
   않는다. 동호는 제20.07항 외의 어떤 호보다도 우선한다.

출처: http://www.customs.go.jp/tariff/2007/data/20r.pdf

표 4-3. 김치 관련 제품의 HS코드(일본)

통계번호 및 설명	관세율				단위
	기본 (%)	WTO 협정(%)	특혜 (%)	특별 특혜	
2005.99 그 외의 것					
1. 설탕을 더한 것					
(1) 콩(칼집이 있는 것을 제외)					
111 A. 기밀용기에 들어 있는 것(돼지고기 또는 라드 그 외의 돼지기름 및 토마토퓌레 그 외의 토마토 조제품을 포함한 것에 한한다)	14	(14)		무세	KG
119 B. 그 외의 것	28	23.8		무세	KG
190 (2) 그 외의 것	22.4	13.4		무세	KG
2. 그 외의 것					
(1) 영콘의 속대	25	15		무세	KG
211 – 기밀용기에 들어 있는 것			9	무세	KG
219 – 그 외의 것					KG
220 (2) 콩(칼집이 있는 것을 제외)	20	17		무세	KG
230 (3) 사워크라우트	12.8	12	9.6	무세	KG
(4) 그 외의 것					
A. 기밀용기에 들어 있는 것(각 용기의 1개의 중량이 10킬로그램 이하의 것에 한한다)					
911 (a) 마늘 가루	16	9.6		무세	KG
919 (b) 그 외의 것	12.8	12	9.6	무세	KG
B. 그 외의 것					
991 (a) 마늘 가루	11.2	10.5	8	무세	KG
999 (b) 그 외의 것	9.6	9		무세	KG

자료 : 재무성 무역통계(財務省貿易統計), http://www.customs.go.jp/tariff/2012_4/index.htm, 2012.4월 기준.

표 4-4. 일본의 김치 관세율(2012. 4월 현재)

상품분류번호	품목	관세율	
		기본세율	협정세율
200599919	김치, 조제한 기타 야채(기밀용기들이로 용기와 더불어 1개의 중량이 10kg 이하의 것)	12.8%	12%
200599999	김치, 조제한 기타 야채(기타의 것)	9.6%	9%

출처: 재무성 무역통계(財務省貿易統計), http://www.customs.go.jp/tariff/2012_4/index.htm, 2012.4월 기준

한편, 과세 가격과 관세 금액의 합계 금액에 대해 소비세가 부과되며, 면세되는 경우를 제외하고 일률적으로 5%씩 적용한다.

제 3 절
관련 법규

1. 식품위생법

■ **법률의 목적**

식품의 안전성을 확보하기 위해 공중위생의 견지에서 필요한 규제 및 기타 조치를 강구함으로써 음식에 기인하는 위생상의 위해를 방지하여 국민의 건강 보호를 도모한다.

■ **대상품목**

(1) 식품(단, 약사법에 규정된 의약품, 의약부외품은 제외)

(2) 식품첨가물(식품의 제조과정이나 또는 가공, 보존의 목적으로 식품첨가, 혼화, 침윤 기타 방법으로 사용하는 것)

(3) 기구 및 포장용기

(4) 유아가 접촉하는 장난감

(5) 세정제(야채, 과실 또는 음식기의 세정용)

식품 등의 수입 절차는 화물을 통관하는 장소의 관할 검역소의 식품감시담당과에 "식품 등 수입신고서"를 제출하여야 한다. 신고서는 검역소의 식품위생 감시원에 의해 심사되어 필요에 따라 검사를 받고 「식품위생법」에 적합하다고 판단된 것에 대해서 수입이 인정된다. 검사를 필요로 하는 것은 "위생검사실시, 합격"의 도장이 찍히며, 검사를 필요치 않은 것은 "届出済(신고제)"의 도장이 찍히므로 통관 시에 각각 압인된 신고서를 세관에 제출하여야 한다. 또한 용기포장에 넣어 판매할 경우에는 「식품위생법」에 따른 표시가 의무화되어 있다.

표 4-5. 검사내용 및 기준

검사항목	검출한계	시험방법	비고
합성착색료 (산성타르계색소)	–	■ 페퍼크로마토그래피법 ■ 박출크로마토그래피법	한국의 전통적인 김치 담그기에 의해 제조된 김치는 이제까지 수입 시 단 1건도 식품검사에 규제받은 적은 없음.
소르빈산	0.005g/kg	■ 식품첨가물 분석법	
폴리솔베이트	20ppm	■ 식품첨가물 분석법	

일본으로 처음 수출하는 업체의 제품은 반드시 「식품위생법」에 의한 식품검사를 받으며, 검사기간은 약 2~4주 정도 소요된다. 검사 시 필요한 서류는 김치 샘플, 김치 제조 공정표, 성분분석표 등을 첨부해야 하며, 수입업체는 1년에 1회 정도 후생성에 식품검사를 의뢰하므로 유의해야 한다.

2. 라벨링 규정

일본에서 수입 판매하는 경우는 일본의 법률(표시규정)을 준수해야 하며, 외국 제품의 용기 포장에 기재되어 있는 표시(원산지 법률에 따라 표시)를 일본어로 직역하는 것만으로는 불충분하다. 우선, 가공식품 판매 시 JAS법에 의거한 품질표시 기준 규정을 준수해야 하며, 이 외에도 「식품위생법」(식품첨가물, 저장방법, 용기재질 등의 규제), 계량법(내용량, 성분 정렬 등의 규정), 경품표시법(마약 광고의 금지 등), 「건강증진법」(영양 표시 기준 등)도 각각 주의할 필요가 있지만 "가공식품 품질표시 기준"에 따르면 대체로 다른 법령의 표시(「건강증진법」 제외)도 보완할 수 있는 내용으로 되어 있다.

모든 가공식품에 공통적으로 표시해야 할 의무표시 사항은 다음과 같다.

① 명칭

식품의 내용을 정확하게 나타내는 것으로 상품명이 아닌 사회통념상 일반적으로 통용되는 명칭을 표시한다. 첨가물 및 그 제제의 경우에는 "식품첨가물"이라는 문자를 표시하고 첨가물은 정해진 물질명, 제제명을 이용한다.

② 사용한 첨가물

원칙적으로 사용한 첨가물이나 원재료에 포함되어 있는 첨가물은 모두 표시하며 가공조제, 캐리오버, 영양강화의 목적으로 사용된 것 등 기재하지 않아도 되는 첨가물이 있다.

③ 제조자 성명 · 소재지

제조자의 경우는 원칙적으로 제조자 성명(법인의 경우는 법인명), 제조공장의 소재지를 기재하며 판매자가 표시할 경우에는 판매자 성명 · 소재지와 제조자 성명 · 소재지를 병기한다. 수입식품의 경우에는 '수입자'로서 수입업자의 성명 및 영업소 소재지(법인의 경우는 본사 소재지)를 기재하며 또한 제조자와 판매자는 고유기호 ※를 사용할 수 있다.

■ 고유기호

제조자 성명 · 소재지를 대신하여 미리 후생노동대신에게 신고한 제조공장을 나타내는 기호를 표시하는 것이며 제조소 고유기호에 사용할 수 있는 문자는 아라비아숫자, 로마자, 히라가나, 가타카나이며, 제조자 표시(자사공장)의 경우와 판매자 표시(제조자)의 경우가 있다.

예1) 제조자

동경도 신주쿠 구(제조자의 본사주소)

○○주식회사(제조자성명) TKY(직영공장)

예2) 판매자

동경도 신주쿠 구(판매자의 본사주소)

○○주식회사(판매자성명) ABC(제조공장)

④ 보존방법

보존방법의 기준이 정해져 있는 식품은 그 방법을 기재하며 그 밖의 식품이라도 모든 품질을 유지하기 위해 필요한 일정한 보존방법을 구체적으로 기재한다. 상온보존의 경우는 보존방법을 생략할 수 있게 되어 있다.

⑤ 소비기한 또는 품질유지기한

상하기 쉽거나 오래 보존할 수 있는 식품의 특성에 따라 소비기한 또는 품질유지기한 중 어느 하나가 표시되어 있으며 소비기한이나 품질유지기한은 정해진 방법으로 식품을 보존하는 것이 전제로 되어 있기 때문에 보존방법을 지키지 않은 경우는 기한 전이라도 먹을 수 없게 되는 경우가 있다.

표 4-6. 기한표시와 표시방법

표시명칭	대상식품	표시방법	표시의 정의
소비기한	품질 저하가 급속하여 신속하게 소비하여야 하는 식품(이 기간은 제조일로부터 대체로 5일 이내) 예) 도시락, 반찬	연월일	미개봉의 용기포장에 넣어진 제품이 보존방법에 따라 보존된 경우 부패·변패 등에 의한 식중독 등이 발생할 우려가 없다고 인정되는 기한을 말합니다.
품질유지 기한 (상미기한)	품질유지가 3개월 미만인 식품	연월일	미개봉의 용기포장에 넣어진 제품이 표시된 보존방법에 따라 보존된 경우 그 식품으로 기대되는 모든 품질특성을 충분히 유지할 수 있다고 인정된 기한을 말합니다.
	품질유지가 3개월 이상인 식품	연월일 (연월)	

식품에 관한 정보는 용기 또는 포장의 보기 쉬운 장소에 표기하여야 하며, 표시에 사용하는 문자는 8포인트 이상의 통일된 문자를 사용해야 한다. 단, 표시면적(라벨의 면적이 아니고 포장면적 중 표시 가능한 모든 면적)이 150㎠ 이하는 7.5~5.5포인트로 표시 가능하며, 표시면적이 30㎠ 이하는 원재료 등을 생략할 수 있다.

김치에 적용되는 의무표시사항은 다음과 같다.

① **명칭**(農産物漬物, 野菜漬物, 朝鮮漬 등으로 표시)

② **원재료명**(총 중량에 차지하는 중량비율이 높은 수준으로 표시): 식품첨가물 이외의 원재료와 식품첨가물로 나눠 원재료에서 차지하는 무게가 많은 것부터 표시, 식품첨가물 이외의 원료로 복합 원재료(3개 이상 있는 경우)인 제품에 해당하며, 3위 이하의 비율이 5% 미만은 "기타"로 기재할 수 있음. 원재료가 1종류뿐이면(통조림, 육류 제품은 제외) 생략 가능함.

③ **식품첨가물명**[「식품위생법 시행규칙」에 따라 총 중량에 차지하는 중량비율이 높은 순서에 '물질명', 또는 보존료나 감미료 등 8종류의 용도에 사용되는 경우는 '보존료(소르빈산K)', '감미료(스테비아)'와 같이, 용도명과 물질명을 표시)]

④ **내용량**(계량법에 따라 용기를 제외한 김치만의 순중량을 그램 단위로 표시): 표기법에 따른 「특정 제품의 판매에 관한 계량에 관한 법령」에 따라 무게는 그램(g), 부피는 리터(ml), 수량은 단위로 기재함.

⑤ **상미기한**[품질보유기간이 제조일로부터 3개월 미만인 경우는 연월일(年月日), 3개월 이상은 연월(年月)로 표시]: 해외제조업체에 의한 기한 설정 근거자료 등 필요한 정보와 수입자가 샘플 시험(미생물 검사, 이화학검사, 관능시험)을 실시하는 등, 수입자 스스로의 책임 과학적 근거를 기반으로 적절한 기간을 설정, 표시할 의무가 있음. 제조일로부터 유통기한이 3개월 이내의

것은 날짜(3개월 이상의 것은 연)로 표시

⑥ **보존방법**(개봉 후는 요냉장 등)

⑦ **원산국명**(한국)

⑧ **수입자명**: 주소를 일괄 표시하나 별도로 자주표시로서 고객의 문의처(고객상담창구) 전화번호, 경고표시 등이 있음.

표 4-7. 김치 표기 사항 예시

품   명: 김치
원재료명: 배추, 무, 마늘, 생강, 파, 고추, 사과, 참깨, 소금, 젓갈, 아미노산액, 설탕, 조미료, 파프리카색소 등
내 용 량: 500g
상미기한: 1999. 12. 10.
보존방법: 0℃~10℃에 보관해 주십시오.
원산국명: 한국
수 입 자: ○○식품주식회사
동경도 중앙구 ○○전 ○○번 ○호

Part 05

김치 수출증대 방안

김치 세계화 장애요인 분석

1. 김치 수출의 주요 문제점

1) 높은 대일 의존도

한국의 김치수출은 지속적으로 증가하고 있으나, 전체 물량의 80% 이상이 일본으로 수출되고 있어(2011년 기준, 전체 27,429톤, 일본 22,053톤, 80.4%) 일본에 대한 의존도가 높다. 현재 일본에서 김치가 절임식품의 견인차 역할을 하고 있어 몇 년 동안은 현 김치시장의 규모를 유지할 것으로 예상되나, 일본 내에서도 김치 제품의 저가격 경쟁 및 일본 업계의 마케팅활동이 증가되고 있어, 높은 수출 의존도가 계속될 경우, 일본산 김치와의 경쟁뿐 아니라 수출상품끼리의 경쟁이 가속화되어 국내 수출업계의 수출단가에 영향을 미칠 것으로 판단된다.

2) 원재료의 수급 불안정

　김치 제조원료인 배추, 고추, 마늘 등의 수급이 기후에 따라 불안정하고 김치의 제조원가에서 원료비의 비중이 60% 이상이므로 여름철의 높은 배추 값은 김치공장 운영에 막대한 지장을 초래하는 경우가 많다(서정석, 1998).

　여름철 고랭지 배추는 적정온도를 23℃ 정도 유지해 주어야 하지만 최근 기상이변(대관령 평균온도 상승 및 강수량 증가로 인한 2010년 배추 작황 감소)으로 안정적인 원료의 확보에 어려움이 있다. 국내의 원래수급 사정에 따라 수출계약 이행이 어려운 경우가 발생한다. 일본의 경우, 지속적인 신뢰 구축이 중요한데 국내의 원료 불안정 공급은 계약불이행으로 이어지기 때문에 수출에 문제가 발생한다.

　또한 김치 원재료의 가격 변동폭이 더욱 커지고 있지만, 김치 가격의 상승폭은 상대적으로 적기 때문에 업체들이 원료가격문제를 떠안아야 한다는 문제도 발생한다. 이를 해결하기 위해 저온 저장시설 구축 및 기후 변화에 내생성이 있는 강한 품종 개발 및 보급으로 원재료가 안정하게 수급되어야 할 것이다.

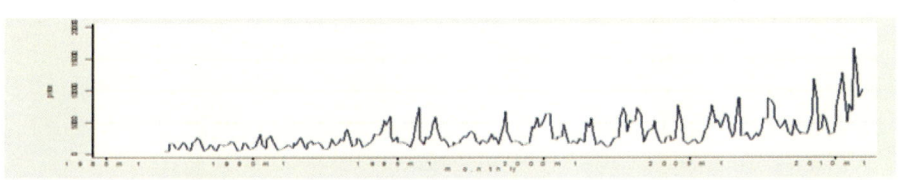

*배추가격(원/10kg) 평균은 약 3,147원, 표준편차가 약 2,342원인 것으로 나타남(최솟값 378원/최댓값 16,519원).

그림 5-1. 배추가격 변동 추이

3) 일본 영업/유통의 문제

일본의 유통구조는 독특한 특징을 가지고 있어, 한국의 김치 업체가 일본에 진출하기 위해서는 중간도매상과 비슷한 벤더를 통해야 한다.

일본의 소매점은 생산자로부터 물건을 공급받지 않으며 벤더를 통해서만 상품을 공급받는다. 또한 지역마다, 업체마다 다른 벤더들이 존재한다. 일본의 소매점은 생산자의 문제로 인한 품질문제, 결품문제 등에 대한 직접적인 책임을 지려고 하지 않는데, 이는 생산자를 직접 핸들링해야 하는 비용과 부담이 줄어들기 때문이다. 이를 통해 벤더들은 상품의 품질이나 결품문제가 발생하였을 경우 자체적인 거래선 변경을 통해 안정적인 매출처를 확보할 수 있는 상호 의존적 관계를 지속적으로 유지해 나가고 있다.

4) '맛김치' 탈피 필요

최근 세계김치연구소에서 조사된 결과를 살펴보면 김치 업체의 전체 생산량 중 수출비중이 가장 높은 김치 종류는 맛김치가 25.7%로 다른 제품과 확연히 차이를 보이고 있다. 전체 매출액 중 수출액 비중 또한 26.0%로 비슷한 수준을 보이고 있다. 포기김치보다 손에 묻히지 않고 바로 먹을 수 있는 맛김치를 선호하는 외국인들로 인해 수출되는 제품은 맛김치 위주로 이루어지고 있다.

하지만 일본의 경우, 김치산업의 연구 및 개발로 인해 비약적인 결과를 이루어왔기 때문에 한국의 전통적인 김치와 비슷한 맛을 가진 제품을 출시되고 있다. 우리는 맛김치가 아닌 다른 제품으로 일본 업체와 차별화를 둘 필요가 있다.

표 5-1. 국내 김치업체의 생산품목 중 수출 비중 단위: 톤, 천만 원

김치종류	연 생산량 중 수출비중			연 매출액 중 수출비중		
	전체 생산량	수출량	비율	전체 매출액	수출량	비율
포기김치	139,433.0	7,312.6	5.2	33,497.0	2,756.5	8.2
맛김치	85,855.0	22,072.5	25.7	18,662.0	4,847.9	26.0
절임배추	29,104.0	76.1	0.3	4,362.0	18.5	0.4
깍두기	43,061.0	300.6	0.7	6,940.0	206.6	3.0
열무김치	14,057.0	56.0	0.4	3,304.0	27.2	0.8
총각김치	16,416.0	269.5	1.6	4,512.0	92.6	2.1
기타	16,845.0	163.0	1.0	14,569.0	118.9	0.8
합계	344,771.0	30,250.4	8.8	85,846.0	8,068.2	9.4

자료: 세계김치연구소, "김치산업 기초통계 확립을 위한 조사연구", 2011.

2. 김치 수출의 SWOT 분석

우리나라의 김치 수출을 위한 환경 및 현상을 종합 정리하고 그 상황에 따른 대응전략을 수립하기 위한 SWOT (Strength, Weakness, Opportunity, Threat) 분석을 하였다. 본 분석은 김치 수출을 위한 강점과 약점을 파악하고, 수출에 있어 기회와 위협은 무엇이 있는지 파악하여 수

출 증대를 위한 전략적 의사결정을 수립하는 데 기초 자료를 제공함에 그 목적이 있다.

1) 강점(Strength)

한국의 김치 종류는 배추김치를 비롯하여 최근 선보이고 있는 기능성 김치까지 포함한다면 200여 종이 넘는 것으로 나타났다.[22] 김치에 대한 상품화 및 품질 연구 개발의 노력으로 김치 제조에 대한 노하우가 다른 어느 나라보다 높게 축적되어 있다. 또한 우리 정부에서는 김치세계화를 위해 해외박람회 행사 및 수출지원을 강화하고 있으며, 김치 관련 연구에도 지원을 아끼지 않고 있다.

2) 약점(Weakness)

한국산 김치 제품은 일본시장의 소비자 정보 부족으로 김치 제품 현지화 및 차별화 전략이 미흡하였다. 반면 일본 업체는 다양한 맛의 상품 개발과 지속적인 신상품 개발을 통해 폭넓은 소비자층을 확보하고 있다.

한국산 제품은 계절별 원료 수급의 불안정 및 안전성 문제로 인해 일본산 제품에 대한 경쟁력이 약하며, 운송비 등으로 인한 높은 고정비용과 환율 등의 외부요인이 크게 작용하고 있다.

....

22 세계김치연구소, ≪2011 김치산업동향≫, 한국학술정보.

또한 수출업체 브랜드파워 미흡으로 "한국산"을 강조하는 수입업체 OEM 및 유통업체 PB상품이 대다수를 차지하고 있으며, 김치업체에서 자체 브랜드 제품으로 일본시장에 진출하기보다 PB상품 진출을 통해 유통망을 개척한 후 자체 브랜드를 납품하는 방법을 취하고 있어 추후 한국산 자체 브랜드 제품의 입지가 좁아질 가능성이 있다.

3) 기회(Opportunity)

100여 년 동안 이어져 오던 일본 전통 절임식품시장의 축소와 함께 젊은 층의 절임류 섭취 감소로 인하여 김치시장이 상대적으로 빠른 속도로 성장하였다. 때문에 일본 가정에서 김치를 구매하여 먹는 소비자들이 증가하여 김치 판매시장이 2002년까지 빠르게 성장하여 지금까지 유지되고 있다.

최근 젊은 층을 대상으로 한 한류 문화의 확산으로 한국 식문화 보급이 이루어져 업무용 김치 수요가 증가하고 있다.

4) 위협(Threat)

일본 경제의 장기간 경기침체로 인하여 일본 소비자의 구매능력이 감소하여 저가 제품을 선호하는 현상이 현저해졌다. 또한 일본수출의 이점으로 작용하였던 엔화가 장기간 하락할 전망을 보이고 있어 이에 대비한 대책이 마련되어야 한다.

일본에 수출하고 있는 제품은 맛김치 위주로 이미 일본

업체에서는 맛김치에 대한 품질 연구 및 개발을 통하여 전통 한국의 맛에 대한 연구가 오랜 기간 이뤄져 오고 있다.

표 5-2. SWOT 분석

강점(Strength)	약점(Weakness)
▶ 김치 종주국으로서의 오랜 역사와 김치상품화를 위한 연구개발 및 노력 ▶ 정부의 김치세계화를 위한 노력 및 의지 ▶ 다양한 맛과 종류의 김치 문화 보유	▶ 해외 시장의 현지화 및 차별화 전략 미흡 ▶ 일본 업체의 지속적인 신상품 개발로 인한 폭넓은 소비자층 확보 ▶ 계절별 원료수급 불안정 및 안전성 대응 미흡 ▶ 수출업체의 브랜드 파워 미흡(수입업체의 OEM이 대다수) ▶ 높은 고정비용
기회(Opportunity)	위협(Threat)
▶ 일본 가정 내 김치 정착으로 소비 저변 확보 ▶ 한국 식문화 보급으로 인한 업무용 김치 수요도 증가 ▶ 최근 젊은 층을 대상으로 한 한류 문화 확산	▶ 장기간의 경기침체에 따른 저가제품 선호현상 ▶ 일본 기업에 비해 마케팅 능력 열세 및 저가 가격 경쟁 심화 ▶ 원화의 강세 및 엔화 환율 하락 ▶ 일본 업체의 기술개발로 인한 숙성김치 생산 확대(맛김치 위주의 제품 차별화 한계)

3. 시장점유율 분석

시장점유율은 특정 수출시장에서 거래되는 총 거래량 가운데 특정 국가가 점유하는 비율을 말한다. 시장점유율은 각 국가 간의 수출경쟁력을 비교하기 위하여 가장 널리 사용되는 지표로서 특정 시장의 총 수입 중 해당국이 차지하는 비율이 높을수록 일반적으로 특정 시장에서 특정 국가의 특정 산업이 경쟁우위를 점하고 있음을 의미한다고 볼 수 있다. 그러나 이 방식은 일국의 상품이 무역상대국에

서 차지하고 있는 상대적인 경쟁력의 정도 및 경제규모가
상이한 국가 간의 경쟁력 비교를 하는 데는 한계가 있다는
단점도 있으나(김지용, 2008), 어느 정도 추세 파악은 가
능하다.

표 5-3. 일본 김치시장의 경쟁국별 시장점유율(2011년 기준)

구분		시장규모	경쟁국별 시장점유율		
			일본산	한국산	중국산
금액점유율	금액(백만 엔)	74,400	62,600	10,816	984
	점유율(%)	100.0	84.1	14.5	1.3
물량점유율	물량(톤)	222,254	193,200	22,054	7,000
	점유율(%)	100.0	86.9	9.9	3.1

자료: 1) 금액점유율: 일본산(후지경제), 한국산(KATI), 중국산(추정)
　　　2) 물량점유율: 식품수급연구센터

　　일본의 김치시장은 한일 월드컵이 개최된 2002년을 정
점으로 2003년부터 감소세를 보이다가 2005년 김치 기생
충알 사건 이후 급격하게 감소하고 있다. 일본 김치시장에
서 국가별 시장점유율 현황(2011년 기준)을 금액 기준으로
보면 일본산 84.1%, 한국산 14.5%, 중국산 1.3%이며, 물량
기준으로 일본산 86.9%, 한국산 9.9%, 중국산 3.1%이다.
전반적인 김치시장의 시장점유율은 일본산, 한국산, 중국
산이 각각 85:13:2라는 인식이 있다. 2006년 기준으로 본
75:20:5(김희철, 2010)의 시장점유율과 비교해보면 일본산
점유율이 더욱 많아졌으며, 수입산 김치의 시장점유율은
저조한 성과를 나타내고 있다.

4. 수출편향지수

    수출편향지수(Export Bais Index)는 한 국가의 특정 국가로의 총 상품수출액 대비 특정 상품의 수출액을 나타내는 것으로, 아래의 식과 같이 표시할 수 있다. 이러한 수출편향지수는 어느 국가의 조사대상 상품들이 해당 국가나 시장에 얼마나 집중적으로 수출되고 있는지를 파악해 볼 수 있는 지표이며, 특정 시장 내에서의 수출경쟁력을 살펴볼 수 있는 가장 기본적인 자료로 사용할 수 있다(김정호 · 최세균 · 김수석 · 안병일, 2001). 일반적으로 수출편향지수가 1 이상이면 특정 시장에서 해당 국가 상품의 시장집중도가 높다고 할 수 있다.

$$EX_i^j = (X_{ij}^K \div X_{ij})/(X_i^K \div X_i)$$
X_{ij}^K = i국 j상품의 K국에 대한 수출액

X_{ij} = i국 j상품 수출액

X_i^K = i국의 K국에 대한 상품 수출총액

X_i = i국의 상품수출 총액

    김치의 일본시장 수출집중도를 분석해 본 결과, 다음의 표와 같이 나왔다. 2008년부터 2012년까지 최근 5년간의 평균 수출편향지수는 12.72로 나타나 한국 김치수출은 일본시장에 매우 높은 편향성을 보이고 있다. 이를 연도별로 보더라도 9.02를 기록한 2004년 한 해를 제외하고 매년 10

이상의 높은 수치를 보여 주고 있고, 2009년의 경우는 그 편향지수가 14.50으로 가장 높은 수출편향지수를 기록하였다. 2012년(1월부터 10월까지)의 수출편향지수는 11.36으로 나타나고 있으나 과거에 비해 최근 3년간 김치에 대한 수출편향지수는 낮아지고 있음을 확인할 수 있다. 아직까지는 한국의 김치가 일본 김치시장에서 수출경쟁력을 가지고 있으며, 동시에 이 시장에서의 성공 여부가 한국 김치의 수출을 결정짓는 중요한 잣대가 될 수 있지만 이러한 현상이 지속될 것이라 가정한다면 김치 수출국의 다각화가 절실한 해소방안으로 마련되어야 할 것이다.

표 5-4. 한국의 대 일본 수출편향지수   단위: 수출총액-백만 달러, 김치 수출액-천 달러

구분	한국의 수출		한국의 일본 수출		수출편향지수
	수출총액	김치 수출액	수출총액	김치 수출액	
2003년	193,817	93,195	17,276	87,169	10.49
2004년	207,592	102,726	21,701	96,911	9.02
2005년	284,419	92,954	24,027	86,428	11.01
2006년	325,985	70,327	26,534	62,637	10.94
2007년	371,489	75,309	26,370	66,120	12.37
2008년	422,007	85,295	28,252	75,052	13.14
2009년	363,533	89,386	21,771	77,622	14.50
2010년	466,383	98,360	28,176	82,781	13.93
2011년	555,213	104,577	39,680	86,819	11.62
2012년	455,377	88,829	32,156	71,277	11.36
평균	2,262,513	466,447	150,035	393,551	12.72

자료: 농수산물무역정보(www.kati.net).

제 2 절
김치 확대 전략

　일본시장에 있어서 한국 김치의 수출이 활성화되기 위해
서는 무엇보다 일본의 김치시장 현황과 향후 전망, 그리고
지금까지 한국 김치가 일본에서 어떻게 마케팅 활동을 전
개했는지에 대한 철저한 분석이 선행되어야 한다.

　이를 위해서는 무엇보다도 일본 김치시장의 소비자 특성
에 맞는 다양한 신상품 개발과 제품차별화, 시장다변화 그
리고 홍보 강화가 선행되어야 할 것이다.

표 5-5. 4P 마케팅 전략

4P MIX		

가격
(PRICE)
	• 안정적인 수출가 유지를 위한 "환변동 보험 가입"
	• 시장 진입 시 양분화된 가격 전략
	   – 프리미엄 제품(고가전략)
	   – 업무용 제품(저가전략)		

제품
(PRODUCT)
	• 연령별 세분화 제품 개발
	   – 늘어나고 있는 노령소비자에 맞춘 "1일 섭취 섬유질 및 영양공급 김치"
	   – 전통음식을 멀리하는 20~30대 공략 제품 "쉽고, 간편한 김치"		

판촉
(PROMOTION)
	• 브랜드 파워 향상을 위한 공동 마케팅
	   – 업체 납품 업체를 이용한 포스터 홍보
	   – 미디어 홍보 및 판촉행사 추진
	• 정부 수출지원 그로그램 적극 활용		

유통 (PLACE)	• 탄탄한 유통 경로 구축 위한 벤더(중간상)에서 충분한 이윤 보장 – 고가의 프리미엄 김치를 통한 벤더(중간상)의 이윤 폭 조정 • 유사 절임업체 인수를 통한 "유통망 인수 전략"		

1. 가격(Price) 전략

일본의 장기적인 경기 침체로 인해 한국산 수출업체에서는 엔화환율 하락에 대비한 전략이 필요하다. 이를 위해 한국무역보험공사에서는 환변동보험[23]을 운영하고 있다. 이를 통해 환율 하락 시 보험금을 지급받으며, 환율 상승 시 이익금을 환수하는 방법을 통해 수출업체에 안정적인 이익을 보장할 수 있다. 또한 시장 진입 시 양분화된 가격전략

---

23 환변동보험이란 수출 또는 수입을 통해 외화를 획득 또는 지급하는 과정에서 발생할 수 있는 환차손익을 제거, 사전에 외화 금액을 원화로 확정시킴으로써 환율변동에 따른 위험을 헤지(Hedge)하는 상품으로 수출거래에 수반되는 여러 가지 위험에 대비하는 보험제도이다. 한국무역보험공사.

을 추구하여 외식업체에 납품되는 업무용 제품에는 낮은 가격으로 가격경쟁력을 높이고, 소비자에게 직접 유통되는 제품에는 프리미엄제품으로서 고가전략을 펼쳐야 한다.

2. 제품(Product) 전략

일본은 빠른 고령화를 겪고 있는 나라로 인구 가운데 65세 이상 노인이 차지하는 비율이 세계 최고 수준이다(일본 국립사회보장 인구문제연구소, 2012). 65세 이상 인구 비중이 7%일 때 고령화사회, 14%일 때 고령사회, 20% 이상일 때 초고령사회라고 규정한다면 일본은 이미 2005년도에 초고령화사회로 접어들었다(초고령화사회, 프랑스 2018, 한국 2026, 영국 2028). 때문에 일본의 노령층을 공략한 1일 섭취 섬유질 및 영양을 함유한 프리미엄김치를 개발하여 일본의 시대상황에 맞는 전략을 구축하여야 한다.

또한 소비자 조사결과에서도 나타난 바와 같이 젊은 층일수록 절임류의 섭취빈도가 낮기 때문에 장기적인 안목으로 볼 때, 일본시장에서 김치 섭취 인구가 줄어들 것이라는 예측이 가능하다. 이에 대비하여 젊은 층의 소비자를 공략한 쉽고, 간편하고, 즐길 수 있는 김치를 개발하여야 할 것이다.

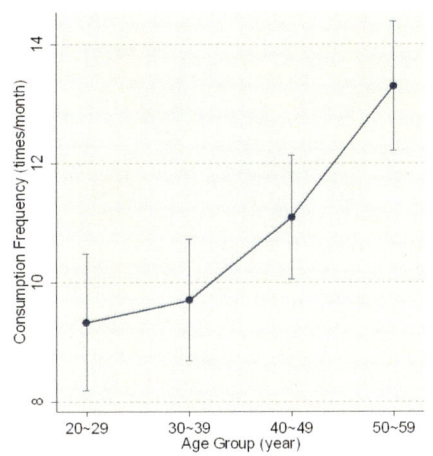

그림 5-2. 애용하는 절임류의 섭취 빈도(연령대별, 회/월)

3. 판촉(Promotion) 전략

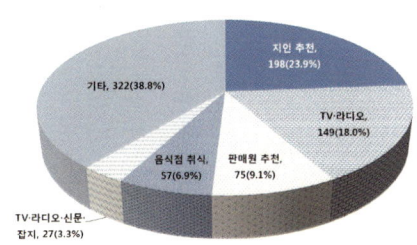

그림 5-3. 김치를 구입하기 위해 이용하는 정보 채널(복수 응답)

일본 소비자 조사 결과 김치를 구입하기 위해 이용하는
정보채널로서 1위가 지인의 추천(23.9%), 2위 TV · 라디오

(18.0%), 3위 판매원 추천(9.15%)으로 나타났다. 김치를 홍보하는 방법으로 지인의 추천이 가장 좋은 방법으로 나타났지만 이는 업체에서 해결하기 어려운 문제이므로, TV·라디오를 이용하는 것이 가장 효과적인 홍보 전략이 될 것이다. 하지만 이러한 대중매체를 통한 김치홍보는 많은 비용이 든다는 단점이 있기 때문에 한국 업체들의 공동마케팅을 통하여 이뤄내야 할 것이다.

일본 소비자의 경우, 한국산 김치에 대한 선호도는 매우 높은 데 반하여 체계적인 촉진활동이 미흡하여 한국산 김치 구매로 연결되지 못하고 있다.

따라서 한국산 제품을 수출하는 업체들은 수출협의회를 통해 제품 홍보물 및 한국의 이미지와 한국 김치 이미지 관리를 위한 미디어 홍보, 슈퍼판매 등 off-line 시장을 기반으로 본격적인 on-line 시장인 인터넷 홈페이지의 구축 및 관리 등 공동마케팅을 통하여 한국산 김치 판매점유율을 높여야 할 것이다.

4. 유통(Place) 전략

일본은 폐쇄적인 유통구조를 갖고 있기 때문에 수출제품으로 소매점에 입점하기란 어려운 일이다. 대신 중간상에게 충분한 이윤을 보장해주는 가격을 설정하여 중간상이

먼저 찾는 제품으로 가격을 설정한다면 보수적인 일본의
유통망에 쉽게 진입할 수 있을 것이다.

부록

제2절 수출·수입 신고 서식

제1절 일본 업체 정성조사 결과

제 1 절
일본 업체 정성조사 결과

---

1. 도쿄 지역 김치류 시장 조사

▣ 마루쇼우 방문
- 일자: 2011. 10. 24.(월) 15:00~18:00
- 장소: 도쿄 시 시부야쿠 시부야 4-1-8 카이타이신사 사무실

▣ 전문가 인터뷰 내용

마루쇼우 스토어는 도쿄 지역에 30여 개의 매장을 보유하고 있으며, 1년 매출은 대략 150억 엔 정도로서, 주로 인근 서민층을 중심으로 점포가 운영되는 소규모의 체인점 업체이다. 주로 취급하는 상품은 식품, 과일, 어류, 육류 등이며, 식품 구매 담당으로 15년 경력을 지닌 Mr. 세킨은 마루쇼우에 일본산 절임류 상품과 함께 각종 일본산 김치를 구매하고 있다.

마루쇼우에서 판매되는 김치 브랜드는 총 8종류로서, 전월 기준 실적에 따르면 도카이쓰케모노(東海漬物)의 "고향니아우고쿠우마 김치"가 가장 높은 판매 실적 (77,480엔)을 나타냈고, 빈고쓰케모노(備後漬物)의 "우마에비기무치"가 2위를 차지했다.

한국에서 제조된 빈고쓰케모노(備後漬物)의 "강코끄하쿠사이기무치"가 57,216엔으로 3위를 나타냈다. 한국에서 직수입된 "강코끄하쿠사이기무치"는 국내 건식무역에서 제조된 것으로, 김치 맛은 일본산 김치 맛에 비해 덜 달고, 약간 매운맛을 나타낸다.

대부분의 빈고쓰케모노(備後漬物)에서 판매하는 김치의 용량이 다른 업체의 용량에 비해 100~200g 정도 크다는 점이 특징이다.

마루쇼우 매장에서 김치 품목의 한 달 매출액은 한 점포 기준으로 약 294,850엔으로, 한화 4,422,750원에 해당한다. 실제 공급가에 따른 마진율을 계산해 볼때, 빈고쓰케모노(備後漬物)의 "강코끄하쿠사이기무치"가 56.8%이며, 에바라CJ의 "오이시기무치"가 48%로 높게 나타났다.

표 1. 주요 제품 판매 동향

제조업체	원산지	상품명	중량(g)	공급가(엔)	판매가(엔)	마진율(%)	9월 실적(엔)
도카이쓰케모노(東海漬物)	일본	고향니아우고쿠우마	320	215	298	38.6	77,480
빈고쓰케모노(備後漬物)	일본	우마에비기무치	450	215	298	38.6	70,626
빈고쓰케모노(備後漬物)	한국	강코끄하쿠사이기무치	400	190	298	56.8	57,216
피클스 코퍼레이션(ピッルスコーポレーション)	일본	고향가스스무기무치	200	158	218	38.0	52,974
미야마(美山)	한국	강코끄초꼬우빙	300	225	298	32.4	14,304
미야마(美山)	일본	카와코에타쯔야이치오이시기무치	200	165	198	20.0	11,484

푸드레벨(フードレーベル)	한국	규우가쿠 기무치	200	205	278	35.6	6,950
에바라CJ후렛츠푸드(エバラＣＪフレッシュフーズ)	일본	오이시 기무치	300	215	318	48.0	3,816
		합 계					294,850

일본 전체 절임류 시장에서 쓰케모노가 85%를 차지하고 있고, 15%는 김치가 차지하고 있다. 평균 아사쓰케 가격은 80엔(100g) 정도이며, 김치의 평균가격은 100엔(100g)으로 쓰케모노에 비해 가격이 비싼 편에 속한다.

▣ 장터 한국광장 방문

- 일자: 2011. 10. 24.(월) 18:00~20:00
- 장소: 도쿄 시 신주쿠보우보 1-12-1(東京都 新宿区 大久保)

▣ 조사내용

장터 한국광장 김근희 대표는 식품 전문매장인 '한국광장'과 고마식품, 한식당 "고려"를 운영하고 있다. 18년째 운영해오고 있는 '한국광장'의 연 매출액은 20억 정도이다.

'한국광장'에서 취급하는 김치는 "종가집 김치"와 자사제조김치 두 종류이며, 김치는 고마식품에서 직접 제조하여 판매하고 있다. 배추김치 외에도 각종 반찬, 배추김치, 오이김치, 깍두기를 제조한다.

김치 제조는 3~4일에 1번씩 제조하며, 1주일 안에 판매를 완료하도록 한다. 소비자들이 숙성된 김치는 찾지 않기 때문에 신선한 김치 외에는 판매되지 않으며 숙성된 김치는 매장에서 철수하여 근처 한식당에 납품된다. '한국광장'을 이용하는 손님의 80%가 일본인이며, 김치 판매율은 2년 전과 비교해 50% 이상 증가하는 추세이며, 김치의 효능, 즉 몸에 좋고, 피부미용 효과 등에 대해 설명하는 방법으로 소비자의 구매를 유도한다.

자사제조 김치는 300g(380엔), 1kg(1,050엔), 3kg(2,850엔)의 세 가지 규격으로 판매되며 월평균 300g은 3,000여 개, 1kg은 1,000여 개 정도 판매된다.

소비자는 한국식 김치를 더욱 선호하고 있으며, 한국의 서울식 김치 제조방법에 단맛을 추가하여 제조, 판매하고 있다.

▲ 장터 한국광장 전경   ▲ 김치, 반찬, 젓갈, 절임류 판매모습

그림 1. 도쿄 신주쿠 한국상품 전문매장

▲ 장터광장의 김치광장 전경   ▲ 각종 김치와 나물 반찬을 판매함.

그림 2. 장터 한국광장에서 운영하는 김치 전문 매장

2. 도쿄 지역 김치 유통 및 판매 현황

▣ 대형유통마트(이토요카도)와 우에노 재래시장 조사

- 일자: 2011. 10. 25. 10:00~12:00
- 장소: 대형유통마트(이토요카도, 오제키), 우에노 재래시장

▣ 조사내용

도쿄 오타구 오모리역 주변은 부자에서 서민까지 18만 명이 밀집한 도쿄의 대표적 생활 경제권이다. 일본 철도재벌 도큐(東急)그룹의 도큐스토어, 세계 최대 유통기업 월마트의 세이유(西友), '일본의 이마트' 이토요카도, 대형 슈퍼체인인 오제키와 세이조이시이(成城石井)가 있다.

세븐 & 아이 산하의 이토요카도는 일본 대형 유통기업으로 이온(AEON)과 함께 유명한 브랜드에 속하며 종합 슈퍼 체인점으로, 1996년부터 중국 시장에 진출해 현재 쓰촨 성 청두(3곳), 베이징(8곳) 등에 유통 프랜차이즈 상업합자기업 형태로 진출해 있다.

이토요카도 매장은 지하 1층에 식품매장이 위치해 있으며, 백화점 형태의 상품 진열과 백화점보다 저렴한 가격으로 고객에게 만족을 주어 중산층 소비자가 가장 많이 모여드는 백화점으로 연 매출이 180억 불 수준이다.

식품매장에 판매되는 김치의 종류는 약 15종이며, 그중 10종은 일본산 제품이며, 한국산 수입김치는 5종이다. 대부분 제품에 상미기간을 표시하여 제품 출고로부터 약 15일 기한 내에 판매하도록 한다.

일본 온라인 쇼핑몰에도 판매되고 있는 혼가쿠 김치는 나카가와 식품주식회사(中川食品株式会社)에서 본가 정통의 한국식 김치를 제조하여 판매하고 있으며, 발효과정을 거친 김치라고 홍보하고 있다. 신맛을 싫어하는 일본인의 특성에 따

라 신맛은 줄이고, 젓갈 첨가량을 줄여 비린내의 맛을 줄이고자 노력하였으며, 천연계의 조미료(아미노산 등)를 추가함으로써 감칠맛이 강하며, 유통기간도 짧게 설정하고 있다(www.nakagawa-food.co.jp).

▲ 세븐 & 아이 산하 이토요카도 유통기업

▲ 무 쓰케모노 제품(일본산, 138엔/1팩 기준)

▲ 식품 진열대 김치 판매 코너

▲ 혼가쿠 김치 제품 포장용기
　(일본산, 458엔/1팩 기준)

▲ 이토요카도 자사 브랜드 제품
　(한국산, 258엔/300g 기준)

그림 3. 이토요카도

▲ 오다큐 식품 매장

▲ 오다큐 매장 내 모습

▲ 절임식품 진열대 김치 판매 코너

그림 4. 오다큐

일본의 남대문시장이라고 할 수 있는 우에노 시장은 아메요코 시장이라고 불리기도 하며, 건어물과 해산물, 과일, 각종 식료품과 조미료를 판매한다.

우에노 재래시장에서 김치를 직접 제조하여 판매하는 조그만 아리랑 가게의 주 소비자는 90% 이상이 일본인이다. 인기품목은 배추김치, 무김치, 오이김치이고, 최근에는 한국산 김도 인기가 높아지고 있다. 김치에 대한 일본인들의 인지도가 상승하면서 김치를 직접 담그기 위해 재료만 사가는 일본 주부도 증가하고 있는 추세이다. '아리랑' 가게는 4년째 김치를 판매하고 있으며 김치가 숙성되었을 때 볶음밥의 재료로 이용할 수 있는 레시피를 제공하고 있다.

▲ 아메요코(アメ横) 시장 입구 　　　　　　▲ 해산물, 건어물 등이 진열된 상점 모습

그림 5. 우에노 시장 거리의 상점 모습

▲ 판매대에 김치, 마른반찬, 젓갈이 진열됨.　　▲ 아리랑 김치 가게 사장님

그림 6. 아리랑 김치 가게 김치 판매

▣ (주)미야마(美山) 식품 김치업체 인터뷰

- 일자: 2011. 10. 25. 14:00~18:00
- 장소: 도쿄 시 히가시니혼바시 도쿄인 로비
- 면담자: Goto-Naoyuki (주)미야마(美山) 영업부 과장

▣ 전문가 인터뷰 내용

일본 식품회사인 미야마(美山)가 한국에 김치 공장을 설립했다. 경남 함안군

에 일본 기업인 미야마(美山) 식품(주)이 칠서산업단지에 김치공장을 설립하고 2004년부터 연간 5천 톤의 김치를 생산한다.

배추와 고춧가루, 마늘 등의 원료는 주변 인근 농가에서 공급받아 제조하며, 제품으로는 "윤게지만노김치", "키와미 김치"가 있다.

중국에서 생산되는 "가와고에 김치", "야키니쿠야노 김치" 브랜드 또한 일본에서 판매되고 있다. 중국에서 제조되어 판매되지만 일본식 김치 제조방식으로 만들어 안전하게 일본으로 수입되고 있다.

미야마(美山) 식품에서 김치의 생산 역사는 13년 정도가 되었다. 예전에는 쓰케모노, 말린 건어물을 제조 판매하는 업체였으나, 13년 전부터 품목을 변경하여, 김치만 생산하고 있다.

현재 미야마(美山) 식품에서 생산되어 판매되는 김치 브랜드는 15여 종이며, 연간 매출액은 85억 엔이며 총 직원 수는 35명이다.

한국 김치는 일본 김치보다 비싸기 때문에 가격경쟁력이 약하고, 중국에서 생산된 김치는 가격 면에서 매우 유리한 편으로 "하오하오기무치"가 500g에 198∼298엔 사이에서 거래되고 있다.

"만만기무치"도 역시 중국 공장에서 생산되어 일본에서 398∼498엔/1kg으로 판매되는데, 주로 식재료를 공급하는 업체에 납품한다.

미야마(美山) 김치는 가격이 저렴하고, 발효되지 않아 냄새가 나지 않으며, 매운 맛과 단맛을 적절히 배합하였다는 것이 특징이다.

미야마(美山) 김치는 가격, 맛, 품질(안전), JAS(Japan agricultural standard, 농림수산성이 인정한 마크)를 강점으로 내세우고 있다.

3. 오사카 지역 김치류 시장 조사

▣ 오사카 aT센터 방문
- 일자: 2011. 10. 27. 9:00~12:00
- 장소: 오사카 aT센터
- 면담자: 장서경 지사장, 김신호 과장

▣ 면담 및 회의내용
오사카 aT센터에서는 김치 단독행사, 한식 행사에 김치군 캐릭터를 이용하여 김치홍보에 적극 활용하고 있으며, 김치군 인형(누이구름) 나눠주기, 김치군 경품행사 등을 통해 김치를 홍보한다.

2010년에 시행된 김치 홍보 종합사업에서는 SNS를 활용하여 김치 홍보를 시도했으며, '쿠쿠파도(cookpad)'라는 일본 최대 요리 전문사이트를 통해, 김치를 활용한 레시피를 모집(콘테스트 형태)하여 일본인들이 직접 김치를 활용한 메뉴를 개발하게 하고, 일본인 네트워크를 통한 한국산 김치 홍보 및 관심을 유도하였다.

일본산 김치와 한국산 김치의 가격에서 한국산 김치의 가격 경쟁력이 약한 이유는 김치 원료에 해당하는 배추, 고춧가루, 마늘 등의 가격에서 일본이 한국에 비해 저렴하고, 한국산 김치는 수입에 따른 관세, 소비자세, 물류세 등의 부담을 안고 있어서 일본산 김치의 가격이 한국산 김치보다 저가로 공급되기 때문이다.

▣ 오사카 도톤보리에 위치한 한식당 방문
■ 일자: 2011. 10. 27. 14:00~16:00
■ 장소: 오사카 츄오쿠 소에몬초(大阪市 中央區 宗石街門町 1-22)
■ 면담자: 한일관 대표 이명희, 인재육성회사 대표 에일 클라라(현지인)

▣ **면담 및 회의내용**

오사카에서 한식당 "한일관"을 26년째 경영하고 있다. 김치를 직접 담가서 판매하며, 젓갈도 직접 담가서 4~5년 숙성해서 사용하고 있으며, 김치 맛이 한국의 전통 맛을 그대로 간직하고 있어 칼칼하면서 깔끔한 맛을 지닌다.

식당을 방문하는 손님이 맛을 보고 직접 구입하기도 하며, 한국 주재원이나 한국 회사(대한항공, 은행, 삼성, LG)에서 일본 고객에게 선물용으로 보내기 위해 많이 구입하고 있다.

특히 명절(설, 추석)에는 한 달에 200만 엔 정도 매출을 올리고 있고, 평상시에는 50~60만 엔 정도 꾸준히 판매되고 있다.

한일관에서 판매하는 김치의 종류는 약 8가지이며, 해산물 김치는 2,200엔/1kg, 굴김치는 3,000엔/1kg에 판매되고 있다.

김치 제조 시에는 한국산 또는 일본산 배추를 모두 재료로 이용하며, 고춧가루는 일본산 고춧가루를 사용하고 있다. 일본산 고춧가루는 맛이 한국과 똑같고, 가격 경쟁력도 있어 이용하기 좋으며, 배추는 일본 배추가 수분이 많은 편이지만 일본의 고랭지역에서 생산되는 배추는 한국 배추와 비슷해서 주로 이용하고 있다.

한일관을 방문하는 손님은 일본 70%, 한국 30%로 나뉘며, 일본인이 직접 김치를 구입하는 경향이 늘고 있다.

일본인은 숙성된 김치의 우수성에 대한 인지도가 낮고, 신맛을 싫어하기 때문에 발효를 제어할 수 있는 기술이 절실히 요구되며, 수년간 쓰케모노에 익숙해져 있기 때문에 절임과 비슷한 맛에 단맛과 신맛이 조금 변형된 것을 선호한다고 한다.

▲ 오사카 도톤보리 강 모습

▲ 한식당이 많이 모여 있는 츄오쿠 소에몬초 전경

▲ 한식당 "가르비이에(갈비집)" 외부 전경

▲ 한식당 "한일관" 외부 전경

▲ 한일관 이명희 대표(좌)와 인재육성회사 클라라 대표(우)

▲ 한일관에서 판매되는 굴김치와 포기김치

그림 7. 오사카

- 일자: 2011. 10. 28. 9:00~12:00
- 장소: 오사카 이쿠노구 쓰루하시 시장(大阪市 生野区 鶴橋市場 2-8-9)
- 면담자: 게즈끄리 김안나김치(手作りギムアンナキムチ, 손수 만든 김안나김치) 김훈근 대표, 유한회사 김치랜드 정주태 대표

▣ 쓰루하시 시장 개요

과거 쓰루하시는 소, 돼지를 도축하여 고기를 팔던 곳으로, 다른 지역에 비해 낙후되어 인가가 드물었던 곳으로, 당시 일본으로 이주한 한국교포들이 노점상을 시작하면서 자리를 잡게 되었다.

쓰루하시 상점가에는 한국 식품점이 30여 개 있으며, 옷가게, 이불집, 생활용품 가게까지 합하면 120개 정도 밀집해 있다.

한국드라마가 인기를 끌면서, 드라마 속에 등장하는 한국음식, 한국노래, 한국배우 등에 대한 일본인들의 관심이 높아졌고 한국문화를 체험하기 위해 이곳을 관광하러 먼 곳에서 찾아오기도 한다.

▣ 김치 판매 현황

김치를 판매하는 상점은 쓰루하시 시장에만 약 13여 개가 있다.

→ 게즈끄리 김안나김치(手作りギムアンナキムチ, 손수 만든 김안나김치), 도이(土井)상사, 신카도야(新カドヤ), 금강김치, 오카무라쇼샤(オカムラショシャ), 토요타쇼샤(トヨタショシャ), 마루카네쇼샤(マルカネショシャ), 대성김치, 최오바상기무치(崔おばさんキムチ), 순천김치, 김치랜드(キムチランド), 장금이네, 태양

쓰루하시에서 판매되는 김치는 주로 가내수공업으로 만들어진 김치 형태이며, 김치 재료는 대부분 일본 현지에서 생산되는 것으로 제조한다.

일본 나가노 현은 고지대로 한국의 고랭지 배추와 비슷한 특징을 가지고 있다. 대체적으로 일본산 배추는 수분함량이 높아 한국에서 들어오는 배추를 이용하여 제조하기도 한다.

한국산 배추는 물류비 등 일본산 배추가격(평균 250엔/kg)에 비해 가격이 높기 때문에 이용에 많은 어려움이 있으며, 양념재료인 고춧가루는 한국의 지인을 통해 계약재배 형태 또는 보따리상으로부터 구입하여 이용한다.

게즈끄리 김안나김치는 이훈근 대표가 운영하는 김치업체로서, 온·오프라인으로 활발하게 김치를 판매하고 있다. 김안나 김치매장에서는 랏교(마늘김치), 야마이모김치(마김치), 밤김치, 나마꾸리 김치, 우메보시 김치, 배추김치, 깍두기, 오이김치 등 12가지 이상의 김치를 판매하고 있으며, 일본인에게 반응이 좋은 상품에는 우메보시 김치, 야마이모김치, 배추김치를 꼽을 수 있다.

김안나김치는 일본에 유명한 온라인 사이트인 라끄텡(www.rakuten.co.jp)에서 판매율 1위를 차지한 경험이 있으며, 김치를 구입하기 위해 방문하는 고객의 95%가 일본인이며 나머지 5%가 재일교포, 한국인들이다. 최근에는 일본 현지인의 김치 소비자가 증가하는 추세이다.

유한회사 김치랜드는 김치 양념을 한국 김치업체인 '한울'에서 납품받아 사용하고 있으며, 일부 해산물 김치는 일본산 재료를 이용하여 김치를 제조하고 있다.

쓰루하시에서 판매되는 김치 맛은 조미료 맛이 강하고, 맵지 않으면서 단맛이 가미되어 있어 한국인이 김치를 먹으면 김치라고 할 수 없는 맛을 가지고 있다. 이렇게 레시피가 변형된 이유로는 일본인들을 대상으로 판매하기 위해 오랜 시간을 거쳐 바뀌었을 것이라 판단된다.

최근 김치를 찾는 단골 고객은 맛김치가 아닌 포기형태의 김치를 구입하기도 하며, 김치의 매운맛 수준을 높이거나 단맛을 줄인 제품도 인기를 끌고 있어 앞으로 일본시장을 겨냥한 김치는 한국의 전통적 김치 맛을 느낄 수 있는 형태의 김치가 타당할 것으로 보인다.

일본인은 김치의 젓갈 향과 숙성된 김치 맛을 좋아하지 않기 때문에 소량 제조하여 판매하는 것을 원칙으로 하고 있으며, 최근 일 평균 방문객수는 100여 명 이상이며, 한 명이 구입하는 김치 금액은 평균 500~1,000엔 정도이다.

▲ 쓰루하시 상점 입구   ▲ 유한회사 김치랜드 매장 모습

▲ 게즈끄리 김안나김치 매장(이훈근 대표)   ▲ 김안나김치 판매 제품 사진

▲ 최오카상 김치 매장 모습   ▲ 오사카 쓰루하시 김치 판매 현황

그림 8. 쓰루하시 시장

일본인이 평소 점심 식비로 지출하는 금액을 600엔이라고 볼 때, 김치에 소비하는 부식비용은 지출액의 큰 비중을 차지하는 것으로 보이며, 이는 저장해서 먹을 수 있다는 점이 긍정적으로 작용하기 때문인 것으로 판단된다.

▲ 오사카 한인타운 입구

▲ 한인타운 재래시장의 채소 판매 모습

▲ 한국 상품 및 일본산 마늘 판매 모습

▲ 한인타운 내 한국 김치 판매 모습

▲ 일본인이 운영하는 알로하 김치 상점

▲ 알로하 김치 홍보물 전시 모습

그림 9. 오사카 한인타운 김치 매장 현황

▣ 오사카 '이문화교류의 집' 반가식공방 방문

- 일자: 2011. 10. 28. 14:00∼18:00
- 장소: 오사카 이쿠노구 한인타운(大阪市 生野区)

오사카 이쿠노구 한인타운에 위치한 반가식공방은 재일동포 강안자 대표가 운영하는 가게 이름으로 쓰루하시를 찾는 일본 관광객을 위해 김, 유자차, 떡국용 떡, 잡채, 김치 등을 판매하고 있고, 한식당 운영을 겸하면서 일본인에게 김치찌개, 설렁탕, 돌솥비빔밥 등을 저렴한 가격(평균 600円)에 맛볼 수 있도록 한다. 한국 문화원을 연상케 하는 다목적홀 반가식공방에서는 일주일에 한 번씩 김치 아카데미를 개최하여, 일본인들에게 김치 문화를 체험할 수 있도록 마련해 놓았다. 마침 일본 직장인과 주부들을 대상으로 김치 강의가 있어서 참관할 기회를 가졌으며, 일본 직장인들이 신중하게 김치 체험에 임하는 모습이 인상적이었다. 김치 강의 내용 중에는 김치 4단계 숙성과정을 설명하였다.

· 1단계: 김치를 담근 후 상온에 보관한 다음 냉장고에 보관해야 함.

· 2단계: 김치가 익어 가는 과정으로 유산균이 증식하는 단계

· 3단계: 신맛이 강하고, 김치찌개 등 요리에 활용하는 단계

· 4단계: 과숙한 김치로서 먹지 못하는 단계

오사카의 '이문화교류의 집', 오사카의 '작은 제주도'라고 불리는 반가에서는 한국의 상품을 쉽게 접하는 곳으로, 한국과 일본의 다양한 문화를 교류할 수 있는 장소를 제공하고 있고, 일본 NHK 등 텔레비전에 자주 등장하는 곳으로 유명하다.

▲ 한인타운에 위치한 반가식공방 내부

▲ 반가식공방 강안자 대표

▲ 반가에 진열된 한국 상품을 쇼핑하는 모습

▲ 냉동상태 김장김치 및 잡채
　진열 모습

▲ 반가식공방의 김치 실습 현장

▲ 일본인의 김치 문화 체험 모습

그림 10. 오사카 이쿠노구 한인타운

제 2 절

수출 · 수입 신고 서식

수 출 신 고 필 증

(갑지)※ 처리기간: 즉시

제출번호				⑤ 신고번호	⑥ 신고일자	⑦ 신고구분	⑧ C/S구분
① 신 고 자							

② 수　출　자　부호　수출자구분 위　탁　자 (주소) (대표자) (통관고유부호) (사업자등록번호)			⑨ 거래구분	⑩ 종류	⑪ 결제방법
			⑫ 목적국	⑬ 적재항	
			⑭ 운송형태	⑮ 검사방법선택 검사희망일	
			⑯ 물품소재지		
③ 제　조　자 (통관고유부호) 제조장소　　　　산업단지부호			⑰ L/C번호	⑱ 물품상태	
			⑲ 사전임시개청통보여부	⑳ 반송 사유	
④ 구　매　자 (구매자부호)			㉑ 환급신청인 (1: 수출/위탁자, 2: 제조자) 간이환급 ㉒ 환급기관		

· 품명　· 규격(난 번호/총란 수:　　　　)

㉓ 품　　　명 ㉔ 거래품명			㉕ 상표명		
㉖ 모델 · 규격			㉗ 성분	㉘ 수량	㉙ 단가(XXX)	㉚ 금액(XXX)
㉛ 세번부호	㉜ 순중량		㉝ 수량		㉞ 신고가격 (FOB)

196

㉟ 송품장부호		㊱ 수입신고번호		㊲ 원산지		㊳ 포장개수 (종류)	
㊴ 총중량		㊵ 총 포장개수		㊶ 총 신고 가격(FOB)			
㊷ 운임(₩)		㊸ 보험료(₩)		㊹ 결제금액			
㊺ 수입화물 관리번호				㊻ 컨테이너 번호			
㊼ 수출요건확인 (발급서류명)							

※ 신고인기재란			㊽ 세관기재란		
㊾ 운송(신고)인			㊿ 신고수리 일자		○52 적재의무 기한
○50 기간	부터	까지	담당자		

(1) 수출신고수리일로부터 30일 내에 적재하지 아니한 때에는 수출신고수리가 취소됨과 아울러 과태료가 부과될 수 있으므로 적재사실을 확인하시기 바랍니다(관세법 제251조, 제277조). 또한 휴대탁송 반출 시에는 반드시 출국심사(부두, 초소, 공항) 세관공무원에게 제시하여 확인을 받으시기 바랍니다.

(2) 수출신고필증의 진위 여부는 수출입통관정보시스템에 조회하여 확인하시기 바랍니다(http://kcis.ktnet.co.kr).

食品等輸入届出書

厚生労働大臣 殿

輸入者の氏名及び住所(法人にあっては、その名称及び所在地)

届出受付番号	※1		氏 名 (1)
届 出 種 別	(2) 事 前 · 計 画 輸 入 住		住 所
輸 入 者 コ ー ド	(3)		(電話番号)
生 産 国 · コ ー ド	(5)	(4)	
製造者名、 住所 · コード	(6)		
製造所名、 住所 · コード	(7)		

輸出者名、 住所・コード	(8)						
包装者名、 住所・コード	(9)						

積込港・コード	(1 0)		積 込 年 月 日	(11) 年 月 日	
積卸港・コード	(1 2)		到 着 年 月 日	(13) 年 月 日	
保管倉庫・コード	(1 4)		搬 入 年 月 日	(15) 年 月 日	
			届 出 年 月 日	(18) 年 月 日	
貨物の記号及び 番 号	(16)		事 故 の 有 無 及びある場合その概要	(19) 無 ・ 有	
船舶又は航空機 の名称又は便名	(17)		提 出 者 ・ コ ー ド	(2 0)	

1	貨物の別	(21) 食品・添加物・器具 ・容器包装・おもちゃ	継続	(22) Y・N	衛 生 証 明 書 番 号	(3 2)	
品目コード	(2 3)				貨物が加工食品 であるときは原 材料・コード 貨物が器具,容 器包装又はおも ちゃであるときは その材質コード	(33)	
品名	(24)						
積込数量	(25)						
積込重量	(26)		KG				
用途・コード	(2 7)				貨物が添加物を 含む食品の場合 当該添加物の品 名・コード 貨物が添加物製 剤の場合その成 分・コード (いづれの場合も着香 の目的で使用されるも のを除く)	(34) ※2	
包装種類・コード	(2 8)					※2	
登録番号1	(2 9)						
登録番号2	(3 0)						
登録番号3	(3 1)						
貨物が加工食品 であるときは製 造又は加工方法 ・コード	(3 5)						

備　　　　考	届出済印

<注意>
※ 1の欄は、記入しないで下さい。
※ 2の欄中、貨物が食品の場合の添加物の品名については、一般に食品として飲食に供されている物であって、添加物として使用されるものは
　規格基準が定められているものに限り、貨物が添加物製剤の場合の成分については、一般に食品として飲食に供されている物を除きます。
※ 輸入者の記名押印については、署名により代えることができます。

貨物の別	食品・添加物・器具・容器包装・おもちゃ	継続 Y・N	衛生証明書番号		
品目コード			貨物が加工食品であるときは原材料・コード貨物が器具容器包装又はおもちゃであるときはその材質コード		
品名					
積込数量					
積込重量		KG			
用途・コード			貨物が添加物を含む食品の場合当該添加物の品名・コード貨物が添加物製剤の場合その成分・コード(いづれの場合も着香の目的で使用されるものを除く)	※2	
包装種類・コード					
登録番号1				※2	
登録番号2					
登録番号3					
貨物が加工食品であるときは製造又は加工方法・コード					
備　　　考				届出済印	

貨物の別	食品・添加物・器具・容器包装・おもちゃ		継続 Y・N	衛生証明書番号			
品目コード				貨物が加工食品であるときは原材料・コード貨物が器具容器包装又はおもちゃであるときはその材質コード			
品名							
積込数量							
積込重量		KG					
用途・コード				貨物が添加物を含む食品の場合当該添加物の品名・コード貨物が添加物製剤の場合その成分・コード(いづれの場合も着香の目的で使用されるものを除く)		※2	
包装種類・コート゛							
登録番号1						※2	
登録番号2							
登録番号3							
貨物が加工食品であるときは製造又は加工方法・コード							
備考					届出済印		

설립목적

세계김치연구소는 김치 관련 분야의 연구개발을 종합적으로 수행하여 국가기술 혁신을 주도하고 국내 김치산업을 식품산업의 대표적인 성장 동력 산업으로 육성·발전시키는 데 기여하고자 설립되었습니다.

세계김치연구소 소개

http://www.wikim.re.kr 세계김치연구소 홈페이지 참조

연 혁

- 2008. 10. 14. 세계 최고 수준의 절임류(발효식품) 연구기관 육성 지시(대통령)
- 2009. 12. 23. 세계김치연구소 설립 승인
  (산업기술연구회 제132회 정기 이사회)
- 2010. 1. 1. 한국식품연구원 부설 세계김치연구소 공식 설립
- 2010. 3. 10. 세계김치연구소 개소식
- 2012. 5. 4. 김치 전문인력 양성기관 지정(국립농수산물품질관리원)
- 2012. 10월 말. 광주광역시 청사 준공 및 기관 이전
  (경기도 성남시 → 광주광역시)

주요 기능

- 김치의 원료, 제조공정, 미생물 및 발효, 저장유통 및 포장, 위생 및 안전성, 건강기능성 등 김치에 관한 종합적 연구개발
- 김치세계화 추진을 위한 연구 및 사업 수행
- 김치산업에 대한 기반 기술 연구 및 혁신기술 개발
- 김치산업 경쟁력 강화 및 수출 촉진을 위한 기술 개발
- 김치산업 및 김치 응용산업에 관한 연구 및 기술 지원
- 김치의 과학적 우수성 발굴 및 홍보
- 김치 관련 정보의 데이터베이스 구축 및 네트워크 운영
- 김치산업 및 김치 관련 전문가를 위한 교육 및 훈련

세계김치연구소 신축 연구동

광주광역시 남구 김치로 86(임암동)
2011년 5월 착공, 2012년 10월 완공 예정

최근 대외활동

- "발효식품의 현황과 세계화방안" 국제심포지엄 개최 (코엑스, 2010.11.18.)
- "2010 세계김치연구소 산학연 심포지엄" 개최 (한국식품연구원 대강당, 2010.12.10.)
- "현대 김치산업에 대한 한·중 과학기술 포럼" 개최 (중국 쓰촨성 청두시, 2011.1. 11~12)
- "제3회 국제김치컨퍼런스" 개최(aT센터, 2011.9.16.)
- 김치 전문인력 양성기관 지정(국립농산물품질관리원, 2012.5.4.)
- "김치정보서비스시스템" 오픈(2012.9.6.)
- "2012 국제김치컨퍼런스" 개최(워싱턴D.C., 2012.9.13.)